AF258575

LES
CURES DE PETIT-LAIT

EN SUISSE, EN ALLEMAGNE, DANS LE TYROL ET LA STYRIE

PAR

FÉLIX ROUBAUD

Directeur-médecin des Eaux minérales de Pougues
Lauréat de l'Institut et de l'Académie de médecine

PARIS

CHEZ ADRIEN DELAHAYE, LIBRAIRE
PLACE DE L'ÉCOLE-DE-MÉDECINE

1867

CURES DE PETIT-LAIT

OUVRAGES DU DOCTEUR FÉLIX ROUBAUD,

Directeur-médecin des eaux minérales de Pougues.

——————— •

TRAITÉ DE L'IMPUISSANCE ET DE LA STÉRILITÉ chez l'homme et chez la femme. 2 vol. in-8... 10 fr.

DES HÔPITAUX au point de vue de leur origine et de leur utilité, des conditions hygiéniques qu'ils doivent présenter, et de leur administration. 1 vol. in-12,... 3 fr.

THÉOPHRASTE RENAUDOT. Études sur les mœurs médicales du XVIIe siècle. Édition de bibliophile, tirée à un petit nombre d'exemplaires..... 3 fr.

STATISTIQUE MÉDICALE ET PHARMACEUTIQUE DE LA FRANCE (couronnée par l'Institut, *Académie des sciences*). 1 vol. in-18...................... 2 fr.

HISTOIRE ET STATISTIQUE DE L'ACADÉMIE NATIONALE DE MÉDECINE, depuis sa fondation jusqu'en septembre 1852. 1 vol. in-8. (*Très-rare*.)....... 2 fr.

HYDROLOGIE MÉDICALE.

Les Eaux minérales de la France. Guide du médecin-praticien. 1 vol. in-12. 2e édition.......... 4 fr.

L'Hydrothérapie, les Bains de mer et les Eaux minérales de l'étranger. 1 vol. in-12......... 4 fr.

Pougues, ses Eaux minérales et ses Environs. 1 vol. in-12. 3e édit., illustrée.................. 3 fr.

Troubles de la digestion. — Maladies des voies urinaires............................. 1 fr. 50

Identité d'origine de la Gravelle, de la Goutte, du Diabète et de l'Albuminurie. 1 vol. in-8..... 2 fr.

Rapports sur le service médical des Eaux minérales de Pougues, années 1861 et 1862 (couronnés par l'Académie impériale de médecine). Brochure in-8................................. 1 fr. 50

Des différents modes d'action des Eaux minérales de Pougues. 1 vol. in-8.................. 2 fr.

ANNUAIRE MÉDICAL ET PHARMACEUTIQUE DE LA FRANCE, de 1849 à 1867. 19 vol. in-18. Chaque volume séparément. .... 4 fr.

LES
CURES DE PETIT-LAIT

EN SUISSE, EN ALLEMAGNE, DANS LE TYROL ET LA STYRIE

PAR

FÉLIX ROUBAUD

Directeur-médecin des Eaux minérales de Pougues
Lauréat de l'Institut et de l'Académie de médecine

———

PARIS

CHEZ ADRIEN DELAHAYE, LIBRAIRE

PLACE DE L'ÉCOLE-DE-MÉDECINE

—

1867

LES

CURES DE PETIT-LAIT

EN SUISSE, EN ALLEMAGNE, DANS LE TYROL
ET LA STYRIE.

I.

But et explication du voyage.

Lorsqu'en 1859, j'arrivais à Pougues en qualité de médecin inspecteur de ces eaux minérales, je trouvais un établissement presque dans l'enfance de l'art : un puits servant de buvette, dont la pierre de la margelle n'avait pas été renouvelée depuis Catherine de Médicis ; un cabinet de douches à peine aéré et éclairé, empêtré au milieu de cabinets de bains, et pouvant, non sans efforts, contenir en même temps le doucheur et le patient ; un casino, moins mal que le reste, où se regardaient sans rire, dans des cadres impossibles, les illustrations princières et ducales dont Pougues reçut la visite et gardait le souvenir.

Ce triste état des choses et cette insuffisance dans les moyens thérapeutiques tenaient les malades éloignés de Pougues, et par suite étouffaient cette station sous une atmosphère de monotonie, d'ennui et d'écœurement, contre laquelle il a fallu, pour réagir, dépenser beaucoup de temps et, plus encore, beaucoup d'argent.

Ce spectacle, on doit le comprendre, jeta en mon âme un profond découragement, et plusieurs fois je fus tenté d'abandonner une partie où toutes les chances semblaient contre moi ; mais, me rappelant mes luttes de la presse où je n'avais jamais eu d'autre soutien

1

que ma conscience et d'autre récompense que l'honneur d'un devoir accompli, j'eus honte de déserter un poste que j'avais accepté, et je me mis courageusement à l'œuvre.

En étudiant le terrain sur lequel javais désormais à combattre, je m'aperçus bientôt que le triste état dans lequel se trouvait l'établissement de Pougues tenait moins peut-être aux choses du tableau que j'ai tracé plus haut qu'au voisinage d'une station, qu'un puissant patronage avait mise à la mode et où la mode, aiguillonnée encore par une administration active et intelligente, attirait la foule.

Sans doute la margelle du puits pouvait être restaurée, un établissement de douches pouvait être construit, un casino plus ou moins somptueux pouvait être édifié et rempli par le bavardage de la comédie ou les accords d'un orchestre. C'était affaire d'argent, et la compagnie propriétaire des eaux de Pougues pouvait, avec de l'ordre et sans coup férir, surmonter ces obstacles.

Mais que pouvait-on contre le voisinage de Vichy?

Quoique toutes les deux alcalines, les eaux de Pougues et celles de Vichy se distinguent les unes des autres par une nuance capitale que tout médecin comprend et sait faire. Mais le public, celui-là même qui passe pour le plus éclairé, ne saisissant pas bien nos distinctions scientifiques, se contente d'un à peu près, et va où la vogue l'appelle.

Que fallait-il donc faire contre ce terrible voisinage? Le supprimer était impossible ; transplanter Pougues était un rêve ; lutter dans les conditions présentes était insensé.

L'obstacle était-il donc insurmontable et fallait-il, courbant un front humilié, se résigner à un abaissement indéfini et à une annihilation éternelle ?

Je ne le pensais pas.

Puisque Vichy ne pouvait être supprimé, puisque Pougues ne pouvait être transporté, puisqu'enfin la lutte était impossible avec les mêmes armes que celles de notre voisin, il fallait trouver des armes que Vichy n'eût pas; il fallait effacer aux yeux du public tous les points de comparaison entre les deux stations; en un mot, il fallait faire à Pougues ce qu'on ne faisait pas à Vichy.

D'abord et avant tout, puisque le germe en existait chez nous, il importait de développer les pratiques hydrothérapiques et de les mettre en rapport avec l'action de notre eau minérale.

Vichy, sous ce rapport, n'a besoin que de la balnéation, et les douches n'y doivent jouer qu'un rôle secondaire et sacrifié. — C'est logique.

L'hydrothérapie, si conforme, dans ses procédés variés, avec l'action de l'eau minérale de Pougues, était donc un premier point de séparation entre les deux stations voisines, et il était indispensable de lui donner l'importance que lui assignait la stratégie.

Je n'eus de cesse que cette importance ne fût acquise ; je plaidais la cause auprès de toutes les personnes influentes de la compagnie ; j'adressais des rapports au directeur, au conseil de surveillance, et, en fin de compte, je fus assez heureux pour obtenir la construction d'un établissement complet d'hydrothérapie, je me trompe, d'une hydrothérapie auxiliaire des eaux minérales de Pougues.

Mes prévisions n'étaient point chimériques : le corps médical apprécia toute la portée de cette distinction et le public la comprit aussi. — Le chiffre de nos malades doubla, tripla même.

Ce n'était pas assez ; il fallait creuser plus profondément encore le fossé de démarcation qu'il importait d'entretenir entre les deux stations voisines, tout en se maintenant, bien entendu, dans les conditions d'action des eaux minérales de Pougues.

La nature m'offrit elle-même ces moyens désirés.

Situé sur le versant occidental des dernières ramifications du Morvan, de ces montagnes à la fois granitiques et calcaires qui sont comme le trait d'union entre les Alpes et les montagnes de l'Auvergne, Pougues possède une bonne part de ces riches pâturages de la Nièvre, si connus des éleveurs de bestiaux, et en même temps des coteaux plantés de vignes dont les vins de Muneau et de Pouilly sont de brillantes manifestations.

Il y avait, dans ces conditions de topographie et de productions, deux ressources précieuses dont les Suisses et les Allemands eussent depuis longtemps tiré parti.

On m'a compris déjà, je veux parler des cures de raisin et de petit-lait si en honneur de l'autre côté du Rhin.

Je proposais donc à la compagnie propriétaire des eaux de Pougues d'aller étudier sur place et d'établir ensuite cette double médication.

Malheureusement, les préoccupations de la compagnie étaient tournées vers un autre but : on pensait à la construction d'un nouveau Casino. — Vichy en édifiait un, Pougues ne devait pas rester en arrière.

Hélas ! ce fut là la pierre d'achoppement de cette compagnie : son Casino, somptueux, j'en conviens, la ruina, et une liquidation devint nécessaire.

Je n'ai pas à m'arrêter à cette catastrophe, qui me mit en présence de nouveaux propriétaires.

Cette substitution d'une compagnie à une autre ne changeait rien au voisinage de Pougues et de Vichy, et, par conséquent, ne modifiait pas la conduite que je m'étais tracée dès les premiers jours.

Je repris donc mes sollicitations auprès de mes nouveaux seigneurs et maîtres, et j'eus cette fois la satisfaction de leur faire partager mes convictions.

Le principe d'installation à Pougues des cures de raisin et de petit-lait étant admis, je dus entrer dans tous les détails de la pratique tant pharmaceutique, si je puis ainsi dire, que médicale de cette double médication et suppléer, par une étude sur place, à ce que ne disent ni l'ouvrage de M. Carrière ni quelques brochures que j'aurai occasion de mentionner.

Un long voyage était donc nécessaire ; je m'y résolus.

Je ne pouvais l'entreprendre ni au printemps ni en été, à cause de Pougues ; mais, dès que mon dernier malade fut parti, je me mis en route, et je remercie le ciel du splendide soleil dont il a constamment favorisé mes voyages et mes excursions.

L'embarras commençait dès les premiers pas. Au delà du Rhin les établissements où se font les cures de petit-lait, les seules dont je m'occuperai aujourd'hui, sont excessivement nombreux ; ne pouvant les visiter tous, on le comprend, je dus faire un choix.

Après force combinaisons je fixai mon itinéraire dont voici le programme :

J'allai directement en Suisse, au canton d'Appenzell dont la réputation brille au-dessus de celle de tous les autres sous le rapport de la médication séro-lactée ; j'y visitai Weissbad, Gais et Gonthen ; puis descendant le canton de Saint-Gall, je vis Rorschach et l'établissement de Horn, sur le lac de Constance.

Traversant le lac, j'entrai en Bavière par Lindau, m'arrêtant un jour à Munich ; le lendemain je gagnai Salzbourg pour de là arriver à Ischl et, par la même occasion, visiter Aussée.

Descendant le Tyrol jusqu'à Innsbruck, sa capitale actuelle, je montai à Egerdach dont le voisinage est si plein de souvenirs ; puis reprenant ma route par le Brenner, j'atteignis Botzen et de là Méran, dont la réputation sanitaire s'étend au loin.

Je voulais aller en Styrie, de là à Vienne, et revenir en France par la Franconie et le Taunus.

Je quittai donc le Tyrol allemand et, suivant les bords de l'Adige, je traversai Vérone, Padoue et Venise où j'eus le doux spectacle de l'enthousiasme d'un peuple rendu à l'indépendance et à la liberté.

De Venise je m'embarquai pour Trieste, et je ne tardai pas à me trouver en pleine Styrie, qui m'offrit à étudier les trois stations de Neuhaus, Gleichenberg et Tuffer.

J'atteignis enfin la capitale de l'Autriche, d'où je rayonnais sur Baden, Vöslau et Kierling.

Faisant alors une immense enjambée jusqu'en Franconie, cette Suisse saxonne, je montai à Streitberg, et je finis enfin mon pèlerinage à Schlangenbad, sur le versant méridional du Taunus, après avoir visité Wiesbaden et Hombourg.

Ce sont les notes prises en ce voyage que je soumets aujourd'hui à l'appréciation du public médical.

Ces notes portent principalement sur les pratiques particulières à chaque établissement ; c'est une étude de détails qui doit avoir, si je ne m'abuse, un certain intérêt en France, tant nous ignorons, malgré le livre du docteur Carrière, la pratique et les résultats de la médication séro-lactée.

Cependant j'ai résumé, dans une synthèse générale, et cette pratique et ces résultats ; rapprochant les unes des autres toutes les observations prises, je les ai comparées et pesées de façon à former un ensemble qui embrassât toutes les parties de la question dont je me fais aujourd'hui l'historiographe.

Mais avant toute chose, il importe de dire l'ancienneté de la médication séro-lactée, l'estime en laquelle elle est tenue par les médecins et les malades de l'autre côté du Rhin, et la théorie avec laquelle nos confrères allemands la veulent rattacher aux prétentions iotro-chimiques de la médecine moderne.

II.

Propriétés physiques, chimiques et physiologiques
du petit-lait.

Le petit-lait, que Galien connaissait et employait sous le nom de *melca*, appelé *molken* dans les établissements d'Allemagne et de Suisse (1), *genntitza* (*zientyca*) en Bessarabie et *dzyr* chez les Moldaves, est le lait privé de ses parties essentiellement nutritives, le caséum et la crème.

Le lait, chez les anciens, occupait une large place dans la thérapeutique et dans l'hygiène. Hippocrate le prescrivait souvent, y ajoutait du sel pour tenir le ventre libre, et conseillait les bains de lait chez les malades affaiblis et dans les longues et pénibles convalescences.

Pline, au dire de Springel, raconte avoir guéri d'une maladie chronique la fille du consul Servilius, en lui faisant prendre le lait d'une chèvre nourrie avec des feuilles de lentisque. Mais là ne se borne pas ce que Pline nous a laissé sur la médication lactée ; il a résumé en quelques mots les observations recueillies à son époque sur les caractères particuliers à chaque lait, et il établit, comme il suit, les distinctions que les études modernes n'ont fait que confirmer : « Le lait le plus nourrissant, dit-il, est celui de brebis, mais il se digère moins bien comme étant le plus gras ; puis vient le lait de chamelle, puis celui d'ânesse ; le lait de chèvre est le plus convenable à l'estomac, parce que cet animal vit plus de feuilles que d'herbes ; le lait de vache est le plus relâchant et le plus médicinal. »

Je montrerai, dans le cours de ce travail, combien les modernes ont ajouté peu de chose à ces observations de Pline.

---

(1) M. le docteur Carrière, que j'aurai souvent occasion de citer, prétend que le petit-lait porte, en Suisse, le nom de *schotten*. En mes excursions dans les cantons d'Appenzell et de Saint-Gall, je n'ai jamais entendu prononcer ce mot, et j'ai même rapporté les cartes d'adresse do Weissbad et de Gais, sur lesquelles le petit-lait est désigné, comme en Allemagne, sous le nom de *molken*.

Galien avait une prédilection marquée pour le lait d'ânesse, avec lequel il institua une médication, suivie encore de nos jours, contre les affections tuberculeuses.

Dans des temps plus rapprochés du nôtre, Roderic à Castro, qui vivait au milieu du xvie siècle, dit M. Carrière, motiva, par un écrit publié sur l'usage du petit-lait, une dissertation intéressante qui mérite d'être consultée.

Boerhaave considère le petit-lait comme un des moyens nutritifs les plus doux qu'on puisse offrir à une constitution souffrante : *Serum multum habet,* dit-il, *particularum nutriciarum, inde enim homines robusti ali possunt, et ipse expertus sum, solo sero vitam trahi posse.* « Mais, dit M. Carrière, Frédéric Hoffmann peut être considéré, en quelque sorte, comme le véritable fondateur de ce genre de cure. La meilleure partie de sa vie se passa à plaider chaudement la cause des médicaments simples... Cette direction d'esprit devait conduire le professeur de Halle à fixer son attention sur les propriétés médicales du lait. Il en est résulté deux écrits importants, qui font partie des œuvres mineures : l'un, qui traite des vertus de ce produit organique et enseigne, ce qui n'avait pas été fait jusqu'alors, à préparer en grand le petit-lait, et à l'employer comme moyen thérapeutique (1); le second a pour but de montrer les avantages des mélanges du lait ou du sérum avec les eaux minérales (2). L'exemple était donné de haut, et il n'y avait qu'à l'imiter. Cet honneur revient à la Suisse, où la fondation du premier établissement de cure, qui remonte à 1749, a été historiquement constatée (3). »

Si je ne me trompe, c'est à Gais, dont j'aurai plus tard à parler, que fut instituée la première cure de petit-lait.

Aujourd'hui, les établissements de cette nature sont fort multipliés tant en Suisse qu'en Allemagne, et M. Carrière, dans son ouvrage paru en 1860, les porte déjà à près de 600.

On voit que la question mérite d'être étudiée et que, sous peine de déchoir, la France ne peut rester étrangère à une méthode thérapeutique si fort en honneur au delà du Rhin.

Mais, pour comprendre la portée scientifique que les médecins allemands accordent à cette médication, il faut dire ce qu'est le petit-lait au double point de vue physique et chimique.

Je serai bref et ne ferai que l'indispensable.

---

(1) *Dissertatio de saluberrimâ lactis virtute.*

(2) *De connubio aquarum mineralium cum lacte longe saluberrimo.*

(3) *Les cures de petit-lait et de raisin en Allemagne et en Suisse. —* Molkenkur, p. 10 et 11.

Le petit-lait n'est autre chose que le lait lui-même privé de son caséum et de sa crème. Cette séparation s'obtient de diverses ma nières, que j'aurai le soin d'indiquer au fur et à mesure qu'elles se présenteront à mon observation.

Quel que soit le procédé mis en usage, le petit-lait médicinal doit être limpide, légèrement opalin et d'une couleur jaune verdâtre. Cette limpidité est quelquefois troublée par la présence d'un peu de caséum et de crème qui s'y trouvent encore à l'état de suspension ; mais cette circonstance n'est point un motif de rejeter le produit ; celui-ci pourra servir à la cure, si sa saveur est douce et sucrée, à réaction nulle ou très-légèrement acide.

D'après les analyses de MM. A. Chevalier et Ossian Henry, le lait de vache et celui de chèvre seraient ainsi composés : sur 100 parties, il y aurait :

	Vache.	Chèvre.
Caséum	4,48	4,02
Beurre	3,13	3,32
Sucre de lait	4,77	5,28
Sels divers	0,60	0,58
Eau	87,02	86,80
	100,00	100,00
Parties solides	12,98	13,20
Parties liquides	87,02	86,80
	100,00	100,00

En faisant abstraction du caséum et du beurre qui n'entrent pas dans le petit-lait, on voit qu'en dehors de l'eau qui sert de véhicule, le petit-lait offre un élément sucré et des éléments salifiables. Le sucre y figure en plus grande quantité que les sels, dont les proportions relatives n'ont pas été d'ailleurs indiquées par les auteurs.

Ces sels sont : des phosphates de chaux, de magnésie et de fer ; des chlorures de potassium et de sodium ; du carbonate de chaux, du sulfate de soude et de la soude libre ; cependant, on sait que le phosphate de chaux et le chlorure de sodium sont les principes prédominants du mélange.

J'ai rappelé à dessein ces notions chimiques, parce que les médecins allemands qui ont écrit sur les cures de petit-lait et de raisin considèrent ces deux produits comme des eaux minérales de nature organique et partant plus facilement assimilables et plus précieuses que les eaux minérales de nature inorganique.

« Les eaux, dit M. Carrière, en analysant les idées de Beneke, de

Lersch et de Mojsisoviez, ont été préparées, dans les entrailles de la terre, par un jeu des forces de la nature qu'on peut, jusqu'à un certain point, comprendre et même imiter. Les produits (raisin et petit-lait) sont devenus ce qu'ils sont sous l'influence d'une force plus puissante encore : la force mystérieuse qui régit les phénomènes de la vie. Le petit-lait et le raisin sont mieux préparés par conséquent pour nos organes, que les composés d'un ordre inférieur ; ils sont plus assimilables, et s'ils sont donnés comme remède, ils doivent agir avec plus de promptitude et plus d'efficacité. »

On ne saurait objecter à cette manière de voir la faible minéralisation du petit-lait, car nul n'ignore qu'en hydrologie les résultats thérapeutiques ne sont point en rapport avec les quantités de sels contenues dans les eaux employées : Plombières et Néris, en France, fourniraient les preuves de cette vérité.

En admettant cette ingénieuse analogie entre le petit-lait et les eaux minérales, on ne peut, comme M. Carrière le disait plus haut, refuser au premier une faculté d'assimilation supérieure à celle des secondes. — Je n'ai jamais oublié une des maximes que M. Trousseau proclamait du haut de sa chaire de thérapeutique et de matière médicale, à savoir : qu'à mérite égal, il fallait toujours préférer, comme remèdes, les végétaux aux minéraux, parce que les premiers, de nature organique, s'assimilaient mieux que les seconds de nature inorganique. A plus forte raison, les produits dont l'élaboration se rapproche davantage de notre organisation, doivent-ils primer les produits dont l'élaboration est moins complète. Par conséquent, les médicaments tirés du règne animal sont préférables aux médicaments du règne végétal et, à plus juste titre, aux médicaments tirés du règne minéral.

Grâce à ces opinions généralement répandues en Allemagne, les cures de petit-lait se sont multipliées chez nos voisins, qui les tiennent en une estime dont nous nous faisons difficilement une idée en France.

Dans le cours de ces études, j'aurai plus d'une fois occasion de faire remarquer que, devant cette analogie du petit-lait et des eaux minérales, s'effacent les conditions d'altitude, de climatologie et de pâturages dont se prévalent les établissements du canton d'Appenzell, et auxquelles, en France, on semble attacher toute l'importance de la médication. Comme on le verra, toutes les stations que j'ai visitées n'ont ni l'altitude de Gais, ni le climat de Weissbad, ni les plantes aromatiques de la Suisse ; et pourtant on y fait des cures heureuses, et on y obtient des résultats aussi satisfaisants que dans les montagnes d'Appenzell.

Quoi qu'il en soit, et pour terminer ces considérations préliminaires, j'emprunterai à M. le docteur Kuhn fils les remarques qu'il a faites sur l'action physiologique du petit-lait : « L'action primitive du petit-lait sur la muqueuse gastrique, dit-il, est une action adoucissante, émolliente, rafraîchissante. Ingéré à la dose d'un à plusieurs verres, le petit-lait accélère immédiatement le travail de l'absorption, et se distingue essentiellement par la facilité et par la rapidité avec lesquelles il passe dans les secondes voies. L'absorption s'en fait beaucoup plus facilement que ne se fait celle du lait, plus lente déjà en raison des principes gras que ce dernier contient. Par son passage dans le sang, le petit-lait délaye ce fluide, en diminue la densité et le rend moins âcre, moins stimulant ; il parvient ainsi à déprimer l'irritabilité vasculaire et devient, par conséquent, tempérant, sédatif. Nous disons sédatif, parce que l'action tempérante se reflète du système sanguin sur le système nerveux. Un liquide porté aussi facilement et aussi vite que le petit-lait dans le torrent circulatoire, doit nécessairement avoir une action marquée sur les sécrétions en général. C'est, en effet, ce que l'observation a démontré : les sécrétions des sucs intestinaux, celles de la bile et du fluide pancréatique, mais surtout celle des urines, se trouvent augmentées. Si le petit-lait est pris à dose un peu notable et à intervalles rapprochés, il devient facilement purgatif, surtout chez certaines dispositions individuelles. »

Enfin, la conclusion de M. Kuhn fils se résume en ce « que le petit-lait est une boisson adoucissante, parfaitement bien supportée par l'estomac ; que l'absorption s'en fait facilement ; qu'il exerce sur l'économie un effet tempérant et sédatif ; qu'il donne plus d'activité aux sécrétions, surtout à la sécrétion urinaire, et qu'à une certaine dose il détermine presque toujours un effet relâchant sur le tube intestinal (1). »

Je ne parle aujourd'hui ni de la préparation, ni du mode d'emploi du petit-lait, ni des maladies dans le traitement desquelles son usage est recommandé, parce que, après avoir recueilli des renseignements sur tous ces points dans les diverses stations que j'ai parcourues, je rapprocherai ces renseignements les uns des autres, et les résumerai dans une synthèse qui sera le tableau d'une cure modèle de petit-lait.

---

(1) *De la cure de petit-lait dans le traitement des maladies chroniques.*

III.

La SUISSE : Gais, Weissbad, Gonthen, Rorschach et Horn.

En partant de Saint-Gall à sept heures du matin, on peut, avec une bonne voiture, être rendu à Appenzell à onze heures (1); de là on rayonne, en quelques heures, aux trois établissements de Gais, Weissbad et Gonthen, et on a encore le temps, avec la même voiture, de venir prendre à Altsttaten la voie ferrée qui, dans la nuit, vous amène à Rorschach. Là deux stations sont également indiquées par M. Carrière, Rorschach, et à un quart d'heure plus loin, Horn, petit village délicieusement situé sur le lac de Constance.

Ce sont là mes cinq excursions en Suisse; ces cinq établissements font usage du petit-lait préparé sur les montagnes d'Appenzell; aucun d'eux ne le fabrique sur place; tous le reçoivent le matin dans des hottes en bois blanc, hermétiquement fermées, que des bergers apportent sur leurs épaules, soit jusqu'à l'établissement même comme pour Gais, Weissbad et Gonthen, soit jusqu'à la plus prochaine station de la voie ferrée qui le transporte rapidement à destination, c'est-à-dire à Rorschach et à Horn.

La nature et le procédé de préparation sont donc les mêmes pour toutes ces stations ; le mode de traitement est identique à Gais, à Weissbad et à Rorschach ; il se complique à Gonthen de la balnéation dans l'eau ferrugineuse, et à Horn de la balnéation et d'un semblant de douche avec l'eau du lac de Constance. Par conséquent tout ce que je dirai de la préparation du petit-lait et de son mode d'administration s'appliquera aux cinq stations, en ayant soin de tenir compte de l'adjonction des bains naturels ou minéraux qui s'administrent à Horn et à Gonthen; et encore ne faut-il signaler Gonthen que pour

____

(1) On va à Saint-Gall par le chemin de fer de l'Est jusqu'à Bâle; de Bâle à Zurich, en passant devant Schinznach et Baden dans le canton d'Argovie; et de Zurich à Saint-Gall où s'arrête la voie ferrée. (J'indiquerai toujours ainsi l'itinéraire que j'ai suivi, pour faciliter le même voyage à ceux qui seront tentés de l'entreprendre.)

mémoire, car cette station n'est guère fréquentée que par des femmes stériles qui vont demander, non à son petit-lait, mais à ses eaux ferrugineuses, la cessation de leur infécondité. — Gonthen remplit en Suisse le rôle ridicule que l'on impose, en France, aux eaux de Forges depuis la merveilleuse aventure d'Anne d'Autriche.

Mais passons.

Un mot d'abord sur la position et l'aménagement de chacune de ces stations, et commençons par Gais, puisque c'est là, selon l'histoire, que s'est faite, en 1749, la première cure de petit-lait.

La route que j'avais prise en quittant Saint-Gall se bifurque à cent pas environ de Gais ; une branche de la bifurcation continue la route jusqu'à Gais même et va aboutir, après deux heures d'une descente rapide, à Altstatten, station de la voie ferrée ; l'autre branche de la bifurcation conduit à Appenzell et, de là, à Weissbad et à Gonthen.

Gais se trouve donc sur la route de Saint-Gall à Altstatten, et présente sur ce point une place irrégulière où se voient d'un côté l'église et son clocher pointu, et de l'autre, se faisant face, deux bâtiments assez spacieux, ornés, chacun par devant, d'une galerie couverte et portant pour enseigne (je traduis l'allemand), l'un *Hôtel du bœuf,* et l'autre *Hôtel de la couronne.*

C'est dans ces deux hôtels que se font les cures de petit-lait.

Avec les idées que m'avaient laissées mes lectures sur les établissements sanitaires de l'autre côté du Rhin, j'éprouvais un profond désenchantement ; je croyais trouver à Gais un établissement modèle, ou tout au moins approprié à sa destination, avec buvette, parc, casino, en un mot avec tout ce que nous sommes habitués à rencontrer, en France, dans les lieux fréquentés par des étrangers. Loin de là, je ne trouvais que deux auberges, pouvues du strict nécessaire, bâties sur une grande route dont la poussière soulevée par le vent doit détruire l'action adoucissante du petit-lait, et côte à côte d'une église dont les cloches matinales doivent souvent troubler le repos des malades.

Ce n'est pas la dernière fois que j'aurai à m'inscrire en faux contre les récits enthousiastes de certains touristes. On calomnie la France quand on vante la supériorité d'aménagement et de luxe des établissements sanitaires de la Suisse et de l'Allemagne. En dehors des villes de jeu, Bade, Wiesbaden et Hombourg, le confort est rare et le luxe presque nulle part. A Ischl, résidence impériale, si on enlève ses sites ravissants, ses promenades délicieuses, sa vallée riante où serpentent deux rivières, que reste-t-il ? un casino composé de deux grandes pièces, recouvertes d'un papier cramoisi et meublées avec des fauteuils et des chaises que le moindre bourgeois ne voudrait pas dans son salon. Les hôtels ne tiennent pas à se montrer plus exigeants que leurs thermes, et ne suivent pas l'exemple des grandes villes, Munich, Salzbourg, Vienne, par exemple, où ces établissements ont un luxe de décoration et de service que l'on ne connaît pas en France. Mais il n'en est pas ainsi dans les villes d'eau et, répétons-le en l'honneur de notre pays, nos thermes n'ont à envier à ceux de la Suisse et de l'Allemagne que leurs sites, que leurs montagnes et que leurs lacs, dont nos voisins savent, mieux que nous, il est vrai, tirer un parti admirable.

Mais revenons à Gais.

Les malades qui vont à Gais logent donc à l'hôtel du Bœuf ou à celui de la Couronne; on leur apporte tous les matins le petit-lait préparé sur les montagnes, et ils le boivent de la manière que je dirai plus loin.

Un scrupule m'a pris en visitant les dépendances d'un de ces hôtels. Le propriétaire, fort aimable d'ailleurs, m'emmena avec une complaisance affectée dans ses ateliers et ses magasins de fromagerie, et me fit remarquer avec orgueil qu'il avait fait venir une Bernoise pour fabriquer, en automne et en hiver, des *fromages de Gruyère*. La Bernoise était avenante, il est vrai, malgré un affreux nez qui bourgeonnait, et ses fromages étaient d'une dimension colossale. Mais, pensais-je, puisqu'on fait à Gais le commerce des fromages de Gruyère, il serait bien possible qu'au printemps et en été on y fabriquât de même du petit-lait ; ce serait moins grave que la confection des fromages de Gruyère, puisqu'en définitive ce serait toujours du petit-lait du canton d'Appenzell; et en effet, j'aperçus, ce qui confirma cette supposition, des vaches et des chèvres broutant dans un pâturage voisin, dépourvu, je l'assure, de ces plantes aromatiques et de ces feuilles de sapin qui, selon les enthousiastes, donnent une grande supériorité au petit-lait de ce canton. Le propriétaire d'ailleurs se défendit faiblement contre l'hypothèse que je lui exprimais, et se retrancha, en ses arguments, derrière la situation de sa localité qui compte comme le quatrième village en hauteur de toute la Suisse et qui est à 934 mètres au-dessus du niveau de la mer.

Toute la valeur thérapeutique de Gais, en effet, en dehors du petit-lait bien entendu, réside dans son altitude. Cette position, en raréfiant l'air, le rend léger, sec et vif, et il faudrait bien se garder de le faire respirer à tous les poitrinaires. Le site n'a rien d'engageant : le village, situé sur la grande route, a devant lui quelques champs dépouillés d'arbres et qui vont se perdre en talus dans une vallée sans rivière.

Tout autre est Weissbad.

Au fond d'une gorge étroite, confluent de deux cours d'eau, au milieu de la vigoureuse végétation alpestre, et entouré de trois montagnes dont l'orthographe des noms m'épouvante, Weissbad est tout à la fois un bon établissement sanitaire et un séjour délicieux. Des promenades ombreuses serpentent sur les bords d'un torrent, et l'on peut aller *jusqu'au bout du monde* (1) sans fatigue et sans danger. Un petit bois, dessiné par la main de l'homme, entoure à demi l'établissement, et semble le protéger contre les deux rivières qui forment son horizon.

La lecture de certains ouvrages d'hydrologie médicale qui se fabriquent au coin du feu, et la présence de deux rivières et du torrent supplémentaire de *la fin du monde,* font pressentir quelque belle installation balnéaire, à côté d'une buvette d'eau minérale, pour justifier au moins l'enseigne de ce lieu charmant, Weiss-Bad (*Bains de Weiss*).

Qu'on se détrompe et qu'on me laisse relever, en passant, cette seconde erreur, fort excusable d'ailleurs, cette fois, chez les touristes en chambre.

Non-seulement Weissbad n'a aucune ressource balnéaire, mais encore son propriétaire ne parle qu'avec dédain de Gonthen, qui ose utiliser à l'extérieur ses eaux ferrugineuses. — Il a des bains ! l me disait-il avec un accent tout à la fois triste et méprisant, et comme s'il eût parlé d'un schismatique-renégat de la religion de leurs pères, la religion du petit-lait. — Non, Weissbad, malgré sa signification, n'a pas une baignoire, et ses rivières n'ont jamais été troublées que par quelque pâtre de la montagne ou quelque voyageur fatigué.

Weissbad n'a qu'une adoration, qu'un culte, si l'on peut ainsi dire : c'est celui du petit-lait. Tout y est ordonné, organisé dans ce but. Tandis qu'à Gais les malades font leur cure sous une galerie couverte, servant tout à la fois de casino et de promenoir, à Weissbad la scène se passe en plein air, sur la pelouse, à l'ombre d'un arbre séculaire, où viennent aboutir, pour les lentes promenades des malades, des sentiers odorants, des routes gazonnées et les allées sinueuses du bois qu'arrose la rivière.

L'établissement, pour les jours froids ou pluvieux, a une grande salle rectangulaire où les malades se groupent autour de tables et font la cure. — Une exquise propreté est tout le luxe de l'ameublement.

---

(1) Une de ces promenades aboutit à un torrent qui, débordé, vous force à revenir sur vos pas. On ne peut alors ni avancer, ni aller à droite à cause du torrent, ni aller à gauche à cause d'une montagne à pic, c'est *la fin du monde,* il faut reculer. '

Comme à Gais, l'établissement est en même temps un hôtel ; mais ici les malades n'ont pas le choix : il n'y a, dans un rayon assez étendu, qu'une seule habitation, et qui ne reçoit pas les étrangers.

Gonthen, comme semblait me le dire le propriétaire de Weissbad, est un renégat ; il s'occupe bien plus des femmes stériles que des poitrinaires, et, comme il a à peu près abandonné les cures de petit-lait, il rentre dans l'hydrologie, et ne doit plus occuper, que pour mémoire, une place dans la médication séro-lactée.

Rorschach n'est point une station proprement dite ; cette ville ne possède aucun établissement, voire même aucun hôtel spécialement affecté aux cures de petit-lait, comme à Gais et à Weissbad. Seulement, un fermier et un pharmacien de la ville reçoivent tous les matins le petit-lait des montagnes d'Appenzell, et les habitants vont le chercher à la chopine et le boivent chez eux.

Il n'y a pas là les conditions de cette médication spéciale que je suis allé étudier en Suisse, et je ne cite Rorschach que pour dissiper l'erreur de ceux qui mettent cette localité au nombre des stations de cure séro-lactée.

Mais à un quart d'heure de la ville, toujours sur le lac de Constance, se trouve un petit bourg, à l'entrée duquel on rencontre un grand bâtiment dont la façade porte en gros caractères : *Horn-Bad*. On y prend, en effet, des bains dans le lac de Constance, mais on y boit aussi du petit-lait.

L'établissement, qui, comme à Gais, Weissbad et Gonthen, sert à loger les étrangers, est sur la route qui longe le lac de Constance. Un jardin mi-potager, mi-d'agrément, est en face de lui, de l'autre côté du chemin ; c'est sous une de ses tonnelles que se font les cures.

A l'exclusion de Gonthen, qui ne doit pas entrer en ligne de compte, puisqu'il affecte une destination spéciale, la station de Horn se distingue des autres établissements que j'ai visités en Suisse, en ce qu'il ajoute à la médication séro-lactée quelques pratiques hydro-thérapiques.

Mais sous ce rapport, hélas ! l'aménagement est des plus primitifs : il consiste en une piscine dans le lac de Constance, où les malades se livrent au plaisir de la natation, et en une douche perpendiculaire que l'on fait agir au moyen d'une ficelle.

N'importe, ces moyens, tout incomplets qu'ils soient, ont une importance thérapeutique dont il faut tenir compte, et dont je parlerai dans ma prochaine lettre.

IV.

La SUISSE : La cure du Petit-Lait.

Après avoir parlé si longuement des établissements de la Suisse, consacrés à la médication séro-lactée, il est grand temps que je dise comment se prépare le médicament, de quelle manière il est administré et les maladies contre lesquelles il est employé.

Ce sera le sujet de ce chapitre.

Sans que je le fasse de nouveau remarquer, il reste bien entendu que, dans l'opinion de cette partie de la Suisse, tout le petit-lait consommé dans les cantons de Saint-Gall et d'Appenzell, se fabrique dans des bergeries établies sur les montagnes, et que celui qui serait préparé sur place, comme je l'ai soupçonné à Gais, peut-être un peu méchamment, j'en conviens, serait nul et de mauvaise qualité.

De plus, comme la méthode de préparation est à peu près la même dans tous les pays, chaque fabrique, si l'on peut ainsi dire, se vante d'avoir un procédé à elle, ce qu'en terme du métier on appelle le *tour de main*. Ainsi à Ischl, le régisseur me dit avoir fait venir des bergers d'Appenzell, qui durent se retirer devant un pâtre du Salz-kammergut, dont la manière de faire le petit-lait était bien supérieure à tous les procédés de la Suisse. De son côté, la Suisse n'admet même pas la possibilité d'une rivalité, et si, par malencontre, on aborde ce chapitre, on ne vous répond pas, on sourit dédaigneusement, on hausse les épaules... et tout est dit.

N'ayez pas l'ambition de pénétrer les mystères de ce tour de main ; c'est un secret que le père transmet à son fils, et pour la conception et la réalisation duquel il faut avoir humé, dès sa naissance, les senteurs aromatiques des montagnes et disputé aux chamois les sombres asiles des forêts de pins.

Pour moi, dont l'imagination est un peu blasée sur le merveilleux depuis les tables tournantes et le spiritisme, je crois tout simplement que le fameux tour de main n'est pas autre chose qu'un effet de l'habitude, ou, si l'on préfère, d'une expérience, acquise au bout de huit jours, et basée sur les rapports du lait et du réactif mis en usage.

Quoi qu'il en soit, voici la manière dont on opère en Suisse.

On porte d'abord le lait à une température de 28 à 30° Réaumur; à cette température, et sans le retirer du feu, on mêle au lait de l'acide acétique étendu, dans la proportion d'une cuillerée à bouche pour quatre litres de lait ; on laisse reposer le mélange jusqu'à la séparation du sérum et du fromage ; on retire celui-ci, que l'on destine aux usages culinaires ; et la partie liquide qui, par cette première opération, n'a pas acquis la limpidité et la pureté du petit-lait médicinal, est remise sur le feu pour qu'elle atteigne de nouveau la température de 30° Réaumur. Alors un morceau de présure, contenu dans un petit sac de toile grossière, est vivement promené et exprimé, pendant une demi-heure et plus, dans le liquide dont cette opération précipite les dernières parties solides que n'avait pas détachées l'acide acétique.

Le petit-lait, ainsi clarifié, est versé à travers une mousseline épaisse dans des hottes de bois, comme je l'ai dit précédemment, et transporté, sur le dos des pâtres, aux diverses destinations qui le consomment.

La présure, tout le monde le sait, n'est pas autre chose que l'estomac du veau ou du mouton. Les uns l'emploient à l'état frais, les autres lui font subir une sorte de salaison ; en Suisse on la dessèche à l'ombre, ou à la chaleur sèche, en la suspendant dans l'âtre, comme on fait en Provence pour les jambons que l'on veut fumer. On la découpe en lanières, et l'on se sert du même morceau pendant un ou deux mois et tous les jours.

Le petit-lait, pour être bu, doit toujours avoir une température d'au moins 25° Réaumur ; à Weissbad et à Gais on m'a assuré que cette température se maintenait très longtemps dans les hottes de bois blanc hermétiquement fermées et enveloppées de linge. A Horn et à Rorschach les hottes sont en fer-blanc, également enveloppées de linge, parce qu'elles ont à faire un plus long trajet dont une partie en chemin de fer.

Cette condition du maintien d'une haute température a, ce semble, une certaine importance, car partout on s'étudie à prévenir le refroidissement du petit-lait, soit en employant, comme en Suisse, des vases de bois ou de métal préalablement échauffés, soit, comme je le dirai à l'occasion de Ischl, en maintenant le petit-lait dans un bain-marie dont on renouvelle l'eau au fur et à mesure qu'elle se refroidit.

Le médicament, ainsi préparé et conservé, est puisé dans les hottes au moyen d'un verre à anse et distribué aux malades.

Le service commence à six heures du matin, et finit à huit. Une cloche appelle, de quart d'heure en quart d'heure, les buveurs disséminés et les empêche de s'abandonner à de trop faciles distractions. Tous les malades n'absorbent pas indistinctement la même quantité de petit-lait : celle-ci varie selon l'état de l'estomac, la nature de la maladie, l'âge, le sexe, les habitudes, en un mot, selon cette foule de conditions qui inspirent au médecin le dosage de chaque médicament.

Néanmoins la moyenne est de cinq verres, chaque verre étant, en Suisse, d'une capacité de 344 grammes.

Pendant les premiers jours de la cure, le malade doit s'abstenir, le plus possible, d'exercice; la promenade même lui est interdite; plus tard, du huitième au dixième jour du traitement, la marche lui est permise, et ce n'est que progressivement qu'il peut aborder la promenade, mais faite, toujours et invariablement, avec une extrême lenteur. Cette condition est si rigoureusement prescrite à Weissbad, que les Français, et surtout les Parisiens, y sont considérés comme de très-mauvais malades, parce qu'ils ne savent point marcher comme un recteur suivi des quatre Facultés.

Une heure après le service du petit-lait, c'est-à-dire à neuf heures, les malades qui n'ont pas éprouvé d'effet laxatif, prennent soit un potage au pain, soit du chocolat, soit du café noir ou à la crème; ceux, au contraire, dont le corps a été dérangé, se contentent d'une soupe à la farine.

A midi, repas copieux d'où sont rigoureusement exclus les acides, les crudités et la viande de charcuterie; le vin est permis, mais il est préférable de s'en abstenir.

Dans le courant de la journée, on peut boire un ou deux verres de lait de vache ou de chèvre, soit pur, soit coupé avec de l'eau de seltz; mais au début du traitement il vaut mieux ne rien prendre du tout.

Enfin, à huit heures du soir une légère collation est servie, et se compose, soit d'un potage comme le matin, soit d'un gâteau trempé dans un verre de lait encore chaud de la mamelle; mais on assure que la médication séro-lactée est plus active, si l'on se contente de la collation du matin et du copieux repas de midi.

Je ne dois rien omettre de ce qui se rapporte à ces établissements inconnus en France, puisque mon voyage avait précisément pour but de pénétrer dans tous les détails de leur organisation.

Qu'on me permette donc de noter, en courant, le mode administratif qui les régit.

A Rorschach, comme je l'ai dit, le petit-lait se débite à la mesure, chez un fermier et chez un pharmacien qui se font concurrence, et qui varient leurs prix, selon l'abondance ou la rareté de la marchandise et des consommateurs.

Dans les autres établissements, à Gais, à Weissbad et à Horn, le prix du petit-lait se paye par journée. A Horn, le malade paye

70 centimes par jour, quelle que soit la quantité de petit-lait qu'il consomme, et règle de gré à gré les conditions de logement et de nourriture. A Weissbad et à Gais le tarif est ainsi établi : le petit-lait, 60 centimes par jour, sans égard au nombre de chopines; la soupe du matin, 40 centimes; même prix pour celle du soir.

Ainsi, en admettant la nécessité d'une collation à neuf heures du matin, le prix de la médication séro-lactée serait de 1 franc par jour. Ce prix n'est pas suffisamment rémunérateur, et les propriétaires des trois établissements que j'examine ne pourraient pas évidemment subsister, s'ils ne trouvaient pas une large compensation dans l'industrie d'hôtelier qu'ils cumulent avec celle du petit-lait.

Nous verrons une organisation différente en Allemagne, dans le Tyrol et la Styrie, là où les établissements de petit-lait sont complétement indépendants des hôtels et des auberges.

Mais je reviens bien vite au sujet principal de mes études, c'est-à-dire au côté purement médical de la médication séro-lactée.

Gais et Weissbad ne reçoivent guère que des affections des voies aériennes; chacune de ces stations a sa clientelle particulière que l'on devine sans peine, si on réfléchit à leurs conditions respectives d'altitude, de température, d'humidité et de sécheresse.

La plus grave de ces affections est la tuberculose. Le petit-lait — et ici il faut bien réellement le petit-lait de chèvre — n'a une influence heureuse que tout à fait au début de la maladie. Quand les tubercules sont formés et à plus forte raison ramollis, le petit-lait n'exerce plus aucune action, ni bonne, ni mauvaise; il passe indifférent. Mais lorsque les forces ont sensiblement diminué et qu'il existe, soit la diarrhée, soit des sueurs colliquatives, le petit-lait devient nuisible, il faut s'en abstenir.

Ce n'est point en Suisse , où l'air est très-vif et sec, que se donnent ordinairement rendez-vous les tuberculeux; on les trouve, en plus grand nombre, à Ischl et à Méran, dont le climat plus doux seconde mieux la médication séro-lactée.

Parmi les autres affections des voies aériennes, la Suisse compte surtout des bronchites et des laryngites chroniques; le petit-lait exerce évidemment sur elles une action très-salutaire; mais il est, à lui seul, quelquefois insuffisant à se rendre complétement maître du mal. C'est ici encore qu'éclate l'infériorité de la Suisse : trop infatuée de l'excellence aromatique de son petit-lait, elle dédaigne d'y associer les eaux minérales, et se prive ainsi de ressources précieuses dont on tire ailleurs, comme je le dirai, un excellent parti.

Horn, probablement séduit par le voisinage du lac de Constance, a tenté un commencement d'émancipation, et ne professe plus, comme

Gais et Weissbad, la religion exclusive du petit-lait. Son premier essai, trop timide, ne peut donner lieu, jusqu'à présent, qu'à des conjectures.

Cependant son médecin, **M.** le docteur Tobler, m'a dit avoir retiré de bons avantages de l'association du petit-lait et des bains, dans les engorgements du foie et de la rate, dans certaines névropathies avec perte des forces et de l'appétit, et surtout dans les écoulements muqueux chez la femme.

Tel est à peu près le cadre des affections qui se rencontrent dans les établissements séro-lactés de la Suisse; nous verrons plus loin combien ce cadre s'agrandit entre les mains habiles qui savent marier le petit-lait, soit avec les eaux minérales, soit avec l'hydrothérapie, et qui, combinant de mille manières ces précieuses ressources, parviennent à en tirer des indications inattendues et des effets à peine croyables.

V.

Le **TYROL** : Ischl, Aussée.

En quittant Rorschach je traversai le lac de Constance jusqu'à
Lindau où je pris le chemin de fer de Munich. Après un repos de
vingt-quatre heures dans la capitale de la Bavière, je revins à la voie
ferrée qui, en quelques heures, me mena à Salzbourg ; je touchais au
Salzkammergut, cette *Suisse autrichienne,* au milieu de laquelle se
trouve Ischl, station importante et inscrite la première sur mon
itinéraire des Alpes tyroliennes.

A Salzbourg on prend une voiture dont les vigoureux chevaux
vous transportent en huit ou neuf heures à Ischl, à travers une route
ravissante, en traversant les jolis villages de Hof, de Fuschl et de
Saint-Gilgen, et en côtoyant, comme dans une allée de parc, les lacs
de Fuschl et de Saint-Wolfgand.

Ischl, point central et chef-lieu du Salzkammergut, est dans une
position délicieuse, au fond d'une vallée étroite, au confluent de deux
rivières, l'Ischl et la Traun, et entouré de la plus grandiose nature
alpestre qui se puisse voir. Avant 1822, l'exploitation des salines
était la seule industrie du pays, et cette industrie suffisait aux be-
soins alors modestes de ses habitants. Mais depuis cette époque, un
médecin de Vienne, le docteur Wirer de Rettenbach, a transformé
l'existence d'Ischl, et en a fait le bain à la mode de toute l'Autriche.
Là, chaque année, la famille impériale y passe une partie de l'été,
et avec elle l'aristocratie et les grands dignitaires de l'empire.

Et cependant cette station ne possède pas, à proprement parler,
d'eau minérale naturelle, et les deux sources que les livres signalent
ne comptent que pour mémoire, et me font l'effet de ces vieilles en-
seignes que l'oubli protége, et qui n'indiquent plus le commerce mé-
tamorphosé du négociant.

En France nous connaissons mieux ces deux sources dont personne
ne parle à Ischl, et dont chacun semble ignorer l'existence. M. Rotu-
rau, dans son excellent et consciencieux ouvrage sur les eaux mi-

nérales de l'Allemagne, m'a appris que l'une de ces deux sources, située à deux kilomètres de la ville, sur la montagne de Salzberg, et pour ce motif appelée la *Salzbergquelle,* est chlorurée et sulfureuse ; et que l'autre, à un kilomètre seulement sur la route de Salzbourg, est chlorurée et s'appelle la *Maria-Louisequelle,* parce que, me dit M. Joanne dans son *Itinéraire en Allemagne,* la duchesse de Parme, Marie-Louise, a dépensé 1650 florins à l'embellir et à la mettre en vogue.

Mais tout l'argent dépensé par Marie-Louise l'a été sans profit, car sa source de prédilection, pas plus que la Salzbergquelle, ne sont utilisées sur place, et le nom de la dernière figure seulement pour mémoire sur le tableau de la trinkhalle.

A l'intérieur on ne fait usage que du petit-lait et d'eaux minérales transportées.

A l'extérieur on utilise les produits artificiels des salines sous toutes les formes, bains d'eau salée, bains de boues, bains de vapeur, fomentations, inhalations, etc., et l'eau ordinaire, en bains, natation, douches, etc., etc.

L'eau et la vapeur chlorurées qui servent aux bains et aux inhalations sont obtenues artificiellement : l'eau par la lixiviation, et la vapeur par l'évaporation qui se produit dans la saline attenant à l'établissement des bains, appelé *Badhaus* (maison de bains).

Le petit-lait, qui seul nous doit occuper ici, se prend dans une immense galerie appelée *Trinkhalle.* Cette galerie est coupée dans son milieu par une galerie transversale, beaucoup plus courte que la première, et qui donne ainsi à la trinkhalle la forme d'une croix.

Dans un des bras de cette galerie transversale, taillé en hémicycle, et fermé, sur le devant, par une espèce de comptoir en bois, se trouvent des rayons d'étagère sur lesquels sont rangées une multitude de bouteilles d'eaux minérales transportées, et des petits vases oblongs, en porcelaine et à anse, sur lesquels est écrit : *molke — Ischl* (petit-lait d'Ischl).

Dans l'intérieur de l'hémicycle une table de bois blanc supporte trois hottes en tout semblables à celles de Suisse, et qui contiennent séparément le petit-lait de vache, celui de chèvre et celui de brebis. Quand le nombre des buveurs n'est pas considérable, les hottes sont remplacées par des vases en porcelaine plus petits, dont on conserve la température au moyen d'un bain-marie souvent renouvelé.

Le service commence à six heures et dure jusqu'à neuf. Les malades se promènent ou dans la trinkhalle éclairée par trente fenêtres, ou sur la place que la musique anime pendant tout le temps que dure la boisson.

Le petit-lait se prend, de dix minutes en dix minutes, dans les vases oblongs dont j'ai parlé plus haut, et qui sont d'une contenance de 173 grammes.

Les tasses d'Ischl sont moins grandes que les verres de Suisse, et il est également rare que l'on dépasse par jour la dose de quatre tasses.

Une heure après avoir pris sa dernière dose, le malade fait, comme en Suisse, une légère collation soit avec du café, soit avec du fromage aigre. A une heure, conformément aux habitudes autrichiennes, on fait un bon repas d'où sont exclus les excitants et les crudités; et le soir, à huit heures, on se contente soit d'une tasse de thé avec un peu de pain et du beurre, soit de fromage aigre, comme au matin.

On le voit, le régime diététique suivi à Ischl diffère peu de celui qui est adopté en Suisse.

Le petit-lait se prépare ici exclusivement avec la présure desséchée ; mais, comme partout, il y a le fameux tour de main dont le secret est inconnu aux concurrents. J'ai raconté ce que me disait le régisseur touchant les pâtres qu'il avait fait venir d'Appenzell, et qu'il dut remplacer par un berger du Salzkammergut dont le tour de main était bien supérieur à celui de ses rivaux. Tout cela est possible, car il ne faut jamais nier la parole d'un galant homme; mais je pense que le premier berger venu acquiert, au bout de huit jours d'exercice, un assez bon tour de main pour faire d'excellent petit-lait.

Quoi qu'il en soit, tandis qu'en Suisse le petit-lait est préparé sur les montagnes et apporté, à dos d'homme, aux établissements qui le consomment, à Ischl le petit-lait est fabriqué sur place et avec un lait qui n'a pu acquérir les propriétés aromatiques et bienfaisantes dont Appenzell se glorifie pour le produit de ses chèvres.

Et cependant, tandis que Weissbad, Gais et Horn reçoivent annuellement, et à eux trois, de 400 à 500 malades, Ischl, à lui seul, fournit son petit-lait à près de 5000 malades. Il est vrai que la présence de la cour d'Autriche donne à cette station un éclat et un retentissement dont les autres sont privées ; mais, d'un autre côté, précisément à cause de ce qui fait son importance, Ischl n'est possible que pour les grandes fortunes, et il semblerait que ceux à qui la richesse n'est pas dévolue dussent préférer un séjour moins coûteux et offrant, en même temps, un médicament meilleur.

Bien plus, puisque les malades riches, qui pourraient aller en Suisse, continuent à affluer à Ischl, il faut en conclure que leurs médecins ne reconnaissent pas une valeur thérapeutique plus grande au petit-lait d'Appenzell, et que, pour eux, le petit-lait fabriqué à Ischl vaut le petit-lait préparé sur les montagnes.

Plus tard nous verrons que dans certaines stations de l'Allemagne, aux environs de Vienne, par exemple, le petit-lait se fait avec le lait de vaches qui ne sortent jamais de l'étable.

C'est encore plus fort qu'à Ischl où, du moins, on peut se prévaloir de la possibilité de pâturages alpestres.

Cette question de la valeur relative des petits-laits a une importance majeure pour l'avenir de la médication séro-lactée en France ; personne, que je sache, ne l'avait encore abordée, et tous ceux qui de confiance acclamaient le petit-lait d'Appenzell, n'avaient eu garde de s'expliquer pourquoi la foule ne remplissait pas les établissements de Suisse, tandis qu'elle accourait à ceux d'Ischl, de Méran, de Gleichenberg, de Kierling et de Bade, où les vaches et les chèvres ne broutent cependant pas les plantes rares et aromatiques des pâturages d'Appenzell.

On me pardonnera donc cette trop longue digression en faveur de la nouveauté et de l'importance du problème ; et je me hâte de reprendre mon étude sur Ischl.

Je n'ai fait jusqu'à présent qu'indiquer les analogies qui rapprochent cette station de celles de la Suisse ; il est temps de faire connaître les différences qui l'en éloignent et qui font d'Ischl l'établissement modèle par excellence parmi tous ceux que j'ai visités.

Ces différences portent sur trois points :

1° Variété dans la nature du petit-lait ;

2° Association du petit-lait avec les eaux minérales ;

3° Association du petit-lait avec les pratiques hydrothérapiques.

Je vais rapidement examiner chacune de ces conditions.

1° *Variété dans la nature du petit-lait.* — Contrairement à ce qui se pratique en Suisse où on ne fait usage que du petit-lait de chèvre, on utilise à Ischl le petit-lait de vache, celui de chèvre et celui de brebis. Chacun d'eux jouit de propriétés distinctes, et répond à des indications tranchées.

Grâce à de longs entretiens avec le docteur Heinrich Kaan, un des huit médecins de cette station, je puis donner des détails précis sur le rôle thérapeutique de chacun de ces petits-laits.

Mais d'abord, et pour bien saisir l'importance de ce rôle différentiel, disons rapidement la nature des affections qui se donnent rendez-vous à Ischl.

En dehors des eaux minérales naturelles qui lui font défaut, cette station a trouvé dans son climat et dans l'industrie du pays les conditions d'un établissement sanitaire, auxquelles, pour en grandir l'importance, elle a ajouté tous les procédés artificiels, si je puis ainsi dire, en usage dans d'autres stations.

Sa pauvreté naturelle en moyens thérapeutiques, tirés seulement des ressources de son climat et de ses mines de sel gemme, lui a fait une nécessité de ces procédés ; parmi ces derniers il faut mettre ses bassins de natation et ses douches, sa gymnastique modèle, sa trink-halle avec toutes les eaux minérales de l'Allemagne, et, avant tout, la médication séro-lactée.

Entouré par de hautes montagnes qui ne lui laissent arriver que le vent du midi, Ischl jouit d'une douceur et d'une égalité de tempé-rature qui lui amènent les affections des voies aériennes, tubercu-loses, catarrhes, laryngites, etc. ; les rhumatismes, certaines névroses, les névralgies et quelquefois la goutte y viennent aussi réclamer les bénéfices de ce climat bienfaisant.

Ses salines, d'un autre côté, y appellent toutes les maladies à ca-ractère déprimant, depuis le lymphatisme jusqu'à la scrofule, depuis la simple convalescence jusqu'à l'anémie la plus prononcée.

Contre toutes ces affections diverses, Ischl s'est d'abord préoccupé des ressources que lui offraient son climat et son industrie ; il en a tiré tout le parti et le meilleur qu'il était possible : de sa position topographique il a fait des promenades et des excursions merveil-leuses ; de ses salines il a tiré des bains de *Soole,* des bains, dou-ches et inhalations de vapeur, des bains de boue, etc., etc.

Mais tous ces moyens eussent été insuffisants pour lui amener la vogue, si à ces ressources naturelles il n'avait pas ajouté les médica-tions artificielles, pour ainsi dire, et qui sont l'hydrothérapie, les eaux minérales et le petit-lait.

Ressources naturelles, procédés artificiels, tout ela se mêle, se combine au gré du praticien et selon les indications thérapeuti-ques.

Pour ce qui concerne plus spécialement le petit-lait, les médecins d'Ischl tiennent pour vraie l'observation de Pline que j'ai rapportée dans le deuxième article ; on la peut résumer ainsi d'après ces observateurs, dont l'opinion d'ailleurs n'est ni absolue ni générale-ment partagée, comme on le verra dans la suite de ce travail :

1º Le petit-lait de chèvre est adoucissant;

2º Le petit-lait de brebis est nourrissant;

3º Le petit-lait de vache est laxatif.

Par conséquent dans toutes les affections des voies aériennes, sur-tout dans la tuberculose commençante, il faut donner le petit-lait de chèvre et quelquefois celui de brebis.

Dans certaines névroses, dans les affections anémiques, dans les faiblesses de constitution, en un mot dans toutes les maladies où l'or-ganisme a besoin d'être réparé, le petit-lait de brebis est naturellement indiqué, ainsi que celui de vache dont l'effet laxatif n'est obtenu qu'avec des doses fortes et réitérées.

Enfin dans toutes les affections où la constipation joue un rôle important, comme dans les dyspepsies, certaines anémies, les hémorroïdes, etc., le petit-lait de vache est de tous le préférable.

D'ailleurs les propriétés thérapeutiques que je viens d'indiquer pour chaque espèce de petit-lait sont accrues ou mitigées, comme je vais le dire, par l'addition d'une eau minérale appropriée.

Et à cette occasion je noterai que, si les médecins d'Ischl combinent ensemble les eaux minérales et le petit-lait, jamais ils ne mêlent les petits-laits entre eux. — C'est une règle qui ne souffre aucune exception.

Mais cette règle n'est point applicable à l'usage externe du petit-lait, et tous les observateurs accordent peu d'importance aux considérations qui précèdent sur les propriétés médicales de chacun d'eux, quand la liqueur séro-lactée doit être employée sous forme de bains (1). Tandis qu'en Bessarabie, selon le docteur Adrien Baraniecki, on n'utilise pour cet usage que le *genntytza,* le petit-lait de brebis que d'innombrables troupeaux fournissent en abondance ; à Ischl, on donne la préférence au petit-lait de vache, non à cause de ses propriétés médicales, mais parce qu'il est plus facile de s'en procurer de grandes quantités.

2° *Association du petit-lait avec les eaux minérales.* — A Ischl, la boisson de l'eau minérale ne constitue pas la médication essentielle ; celle-ci est tout entière dans le petit-lait ; les eaux minérales sont l'adjuvant ou le correctif de la médication séro-lactée, et ne deviennent que dans de très-rares exceptions la médication principale ; aussi, quand le praticien juge utile d'associer une eau minérale au petit-lait, il diminue progressivement la proportion de la première, de façon à la supprimer entièrement au bout de quelques jours, et n'avoir plus affaire qu'à la liqueur séro-lactée.

Il est utile, pour les considérations que j'aurai à développer plus loin, que l'on connaisse les eaux minérales dont on fait usage à Ischl ; en voici le tableau, affiché dans la trinkhalle ; je le transcris textuellement avec le prix du verre, et me contente d'ajouter, en regard de chaque source, sa provenance et sa désignation chimique.

---

(1) Pour plus de détails sur les bains séro-lactés, voir le chapitre XI, qui traite des propriétés thérapeutiques du petit-lait administré sous toutes les formes et dans toutes les conditions.

	Kr.
Egerer Salzquelle (Bohême, saline)	35
Egerer Wiesenquelle (Bohême, saline)	35
Egerer Franzensquelle (Bohême, sulfatée)	35
Karlsbader Schlossbrunn (Bohême, saline sulfatée)	35
Karlsbader Mühlbrunn (Bohême, saline sulfatée)	35
Marienbader Kreuzbrunn (Bohême, saline sulfatée)	35
Marienbader Ferdinandsbrunn (Bohême, saline sulfatée)	35
Gieshübler Sauerbrunn (Bohême, saline sulfatée)	35
Saidschützer Bitterwasser (Bohême, sulfatée)	35
Püllnaer Bitterwasser (Bohême, sulfatée)	35
Friedrichshaller Bitterwasser (Saxe-Meiningen, sulfatée)	50
Gleichenberger Constantinsquelle (Styrie, alcaline sodique)	45
Gleichenberger Johannisbrunn (Styrie, ferrugineuse)	45
Rohitscher Sauerbrunn (Styrie, alcaline gazeuse)	35
Ofner Elisabethquelle (inconnue)	45
Bilinerqüelle (Bohême, alcaline sodique)	45
Schwalbacher Stahlquelle (Nassau, ferrugineuse)	45
Klausner Stahlquelle (inconnue)	35
Kissinger Rákóczy (Bavière, saline chlorurée)	35
Selter-Wasser (Nassau, acidule gazeuse)	45
Haller Iod-Wasser (Autriche, alcaline iodée)	45
Maria Luisenquelle (Ischl, saline)	15
Obersalzbrunn (Bavière, saline)	40
Schwefelquelle (inconnue)	20
Emser Kränchen (Nassau, alcaline)	45
Ivandaer Bitterwasser (Hongrie, sulfatée)	45
Sodawasser (Nassau, saline)	40
Selowitzer Bitterwasser (inconnue)	35
Kuhmolke. Petit-lait de vache	8
Schafmolke. Petit-lait de brebis	12
Ziegenmolke. Petit-lait de chèvre	12

Ce catalogue ne présente aucune eau sulfureuse, et il n'est pas
sans intérêt, comme je le dirai plus longuement au chapitre consacré
au mode d'action du petit-lait, de noter cette particularité à l'occasion
d'une médication qui s'adresse aux maladies des voies respiratoires.
Dans tous les cas, je ne puis entrer dans les détails de cette médication mixte où figurent, en se mélangeant, les eaux minérales organiques et les eaux minérales inorganiques ; tout y est laissé au tact et
à la spontanéité du praticien, si ce n'est ce seul principe que j'énonce
de nouveau, à savoir : que les eaux minérales inorganiques, ne jouant
que le rôle secondaire d'adjuvant ou de correctif, doivent, aussitôt

que faire se peut, laisser là place aux eaux minérales organiques, c'est-à-dire au petit-lait.

3° *Association du petit-lait et de l'hydrothérapie.* — Ici encore plus qu'ailleurs tout est laissé à l'appréciation du médecin ; les ressources dont il peut disposer sont variées à l'infini ; pour les affections des voies respiratoires, on associe la cure du petit-lait avec les inhalations de vapeurs salées ; les bains de soole, les douches froides, la natation, trouvent, comme partout, leur emploi dans les maladies déprimantes, le lymphatisme, l'anémie, la scrofule ; les bains de boue, les bains de vapeur agissent efficacement contre les rhumatismes, les névralgies, certaines névrosés et la goutte.

Je n'en finirais pas si je voulais rapporter toutes les combinaisons dans lesquelles, avec le petit-lait, les eaux minérales et l'hydrothérapie jouent un rôle séparément ou simultanément ; il m'a suffi d'indiquer les ressources mises à la disposition des médecins d'Ischl, pour comprendre tout le profit qu'ils en peuvent tirer, et la faveur méritée dont cette station jouit dans l'empire d'Autriche.

A Ischl le prix du traitement ne se règle pas comme en Suisse : les eaux minérales et le petit-lait se payent par tasses ; le prix en est porté sur le tableau que j'ai reproduit plus haut, et qui est affiché dans la trinkhalle. Je ne reproduirai que celui du petit-lait : le petit-lait de chèvre et celui de brebis valent 60 centimes la tasse (12 kreutzers) ; celui de vache ne vaut que 40 centimes (8 kreutzers). Le bain de petit-lait qui est de vache, comme je l'ai dit, se paye 7 fr. 90 centimes (3 florins 20 kreutzers).

Ainsi, tandis qu'en Suisse la cure de petit-lait coûte 1 fr. par jour, y compris la soupe du matin, à Ischl le même traitement revient à 2 fr. 40 centimes ou à 1 fr. 60 centimes, selon que l'on fait usage du petit-lait de chèvre et de brebis ou du petit-lait de vache.

Si l'on ajoute les traitements accessoires avec les eaux minérales et l'hydrothérapie, on arrive facilement à une dépense de 4 à 5 fr. par jour, sans y comprendre, bien entendu, les frais de logement, de nourriture et des distractions qui sont fort considérables, et les bains de petit-lait qui sont un véritable luxe.

Heureusement pour les malades à qui la fortune ne permet pas la vie dispendieuse de la résidence impériale, il existe près d'Ischl, à trois heures et demie à peu près, également sur les rives de la Traun, un établissement plus modeste, mais tout aussi bien doué par la nature. Aussée est un bourg d'une grande propreté, entouré d'un triple hémicycle de belles montagnes, et ne recevant, comme Ischl, que le vent du midi. Ses salines sont importantes, car elles fournissent 500 quintaux de sel par jour.

Moins grandement installée que sa rivale, Aussée donne des bains de soole, et possède une trinkhalle où se boivent les eaux minérales et où se font les cures de petit-lait.

Ces deux stations sont trop rapprochées l'une de l'autre pour que leur manière de faire ne soit pas identique. Aussi peut-on appliquer à Aussée tout ce qui se rapporte à Ischl, en tenant compte des différences d'aménagement qui existent entre les deux établissements.

VI.

LE TYROL : Égerdach , Méran.

Après un séjour de quarante-huit heures à Ischl, pendant lequel j'eus le temps de prendre les renseignements contenus dans le précédent chapitre, de visiter en détail toutes les parties de ce bel établissement et de faire quelques excursions, je revins à Salzbourg d'où le chemin de fer me conduisit, par Rosenheim et Kufstein, jusqu'à Innsbruck, capitale du Tyrol et dernier point de la voie ferrée.

Je dus séjourner près de vingt-quatre heures à Innsbruck pour attendre le départ de la malle-poste de Botzen d'où je devais gagner Méran.

La capitale du Tyrol est certainement une jolie petite ville, un peu triste, si l'on veut, à cause de la haute montagne qui la surplombe, mais propre et surtout originale avec les tourelles de toutes formes et de toute grandeur qui ornent ses maisons. Quoique riche en souvenirs historiques, Innsbruck possède peu de monuments : le plus important, l'église des Franciscains, qui renferme le tombeau de Maximilien Ier, entouré de vingt-huit statues colossales en bronze qui semblent étouffer dans l'étroitesse du bâtiment, et le monument en marbre blanc, élevé à la mémoire du héros tyrolien, André Hofer, l'église des Franciscains, dis-je, est vue et bien vue dans une heure ; mettez une heure encore pour parcourir la ville et visiter, dans cette excursion, l'insignifiant arc de triomphe de Marie-Thérèse, et le toit d'or que le duc Frédéric fit construire, en 1425, pour démentir le surnom de : *à la poche vide* que ses ennemis lui avaient donné, et vous en aurez à peu près fini avec les curiosités d'Innsbruck.

Malgré ma lente promenade à travers la capitale du Tyrol, j'avais encore de longues heures à dépenser ; je m'ingéniais à leur trouver un emploi, quand un hasard heureux me mit en relation avec un de ces nombreux officiers qui quittaient la Vénétie et rentraient en Autriche par le Tyrol. — Innsbruck était une de leurs importantes étapes. — Cet officier, Tyrolien d'origine, m'apprit qu'à une distance peu éloignée de la ville, était un établissement d'eau minérale, dont il ne put me donner la caractéristique, et m'assura que, comme à Ischl et à Méran, on y faisait des cures de petit-lait. Il me nomma Egerdach, dont le nom frappait pour la première fois mes oreilles.

On ne le trouve, en effet, indiqué dans aucun ouvrage d'hydrologie en langue française, pas plus que presque son homonyme Eger, en Bohême, dont les eaux transportées figurent en tête du tableau affiché dans la trinkhalle de Ischl et que j'ai reproduit dans le précédent chapitre.

Voilà la manière dont on fait en France les livres relatifs à l'étranger.

Christophe Colomb en miniature, je brûlais de découvrir cet établissement inconnu chez nous, et d'avoir au moins à dire quelque chose de nouveau.

Cette excursion m'offrait en même temps l'occasion de satisfaire une curiosité historique que sans elle je n'eusse pas, à coup sûr, contentée : celle de visiter le fameux château d'Ambras, tout rempli encore du dévouement marital de Philippine Welser et de la chute miraculeuse de Wallenstein.

Egerdach, en effet, est à trois quarts d'heure du château d'Ambras, devant lequel il faut passer, et qui, lui-même, est à une heure environ d'Innsbruck. Mon officier ne m'avait pas trompé. Je trouvai là, agréablement assis dans un petit vallon, un établissement de bain, alimenté par deux sources, l'une ferrugineuse, et l'autre saline. Aucune des deux ne sert à la boisson.

La concierge, que je rencontrai seule, me confirma qu'en effet, on y faisait des cures de petit-lait de vache, et que ces cures se combinaient avec les bains de l'une ou de l'autre source. Elle me dit que le petit-lait se préparait dans une bergerie voisine qu'elle me montra, que les malades en buvaient ordinairement de quatre à cinq verres, le matin avant de déjeuner, et que la cure durait de vingt-cinq à trente jours.

Le nombre des malades qui fréquentent cet établissement est de soixante à soixante-dix, et tous du pays.

Aucun médecin n'est attaché à cet établissement ; en cas d'accident on a recours à un médecin du village d'Ambras, ou bien encore à un médecin d'Innsbruck.

Tel est, en quelques mots, tout le récit que je puis faire sur cet établissement auquel est annexée une auberge dont l'extérieur n'indique pas le luxe et qui sert à loger les malades.

Je donne ici ces simples indications afin d'éveiller l'attention des futurs auteurs d'ouvrages d'hydrologie et de les engager à compléter cet aperçu trop sommaire.

Je reviens au sujet de mon voyage.

Je m'étais laissé éblouir par le titre pompeux de malle-poste imposé aux voitures qui font le service postal entre Innsbruck et Botzen. Mais hélas! ce sont d'affreuses petites voitures à quatre places, sales, détériorées, et dont la vitesse ne peut être comparée qu'à celle de nos anciens coucous. Aux relais, fort rares d'ailleurs, l'arrêt est régulièrement d'une heure; comme la plus grande partie du voyage se fait pendant la nuit, on reste à grelotter durant ce long temps, soit au fond de la voiture mal close, soit dans la cour d'une auberge fort sale.

Il est vrai que l'on gravit une des plus hautes montagnes du Tyrol, le Brenner, au sommet de laquelle vous attend, à huit heures du soir, un dîner de table d'hôte. Que Dieu vous garde jamais d'une semblable auberge et d'une pareille cuisine; la nappe n'est changée que tous les trimestres, et les serviettes servent, pendant un mois au moins, à tous les voyageurs qui passent. Aucune réclamation, quelque vive qu'elle soit, ne peut faire modifier cette règle de la maison; je m'en convainquis par moi-même et il ne me resta d'autre ressource que mon mouchoir de poche. La cuisine était à la hauteur de ces habitudes de propreté, et l'on peut imaginer ce qu'elle devait être, sans que je blesse, par mon récit, le bon goût français et notre susceptibilité culinaire.

Enfin, après treize heures d'un supplice dont j'avais perdu le souvenir depuis l'invention des chemins de fer, j'arrivais à Botzen, d'où une voiture me conduisit, en deux heures, à Méran, unique but de mon voyage dans cette partie du Tyrol.

Il était sept heures du matin; grâce au jour qui me permettait de reconnaître les productions du sol, je me convainquis que j'étais dans un climat plus doux que celui que j'avais quitté la veille; je côtoyais, en effet, un fleuve italien, l'Adige, sur la rive gauche duquel je m'acheminais vers Méran. Plus j'approchais du but de ma route, plus les vignobles augmentaient et je pus m'expliquer alors les cures si renommées de raisin qui s'y font chaque automne. La vigne — qu'on me passe ce détail agricole en faveur des cures de raisin dont l'étude viendra plus tard — la vigne n'est pas, comme en France, soutenue par des échalas. Dans cette partie du Tyrol, la seule d'ailleurs qui possède des vignobles, la vigne forme treille à hauteur d'homme; de sorte que, par la réunion de toutes les treilles d'un champ placées les unes devant les autres, on obtient une série successive de galeries ombreuses sous lesquelles on peut se promener longtemps en passant de l'une à l'autre. Dans la campagne de Venise, au contraire, la vigne forme guirlande: plantée entre deux arbres, ou même deux poteaux placés à égale distance d'elle, la vigne envoie à chacun d'eux des rameaux qui, en s'étendant et se ramifiant, vont l'étreindre à la partie supérieure et donnent ainsi un soutien à leurs grappes pendantes.

Je ne suis pas assez viticulteur pour fournir un avis motivé sur ces diverses manières de conduire la vigne; mais en considérant que toutes doivent avoir leur raison d'être dans quelque condition de sol ou de climat, j'estime indistinctement échalas, treilles et guirlandes, pourvu que les grappes soient savoureuses et que le vin soit bon.

Je reviens à Méran pour ne plus m'occuper que de ses cures de petit-lait.

Et tout d'abord Méran, à l'encontre de l'opinion généralement répandue en France, se défend d'être une station exclusive pour les cures de petit-lait et de raisin. L'une et l'autre ne sont que des accessoires dont médecins et régisseur font peu de cas; il semble, à la manière dont ils en parlent, que, dans leur esprit, la réputation faite à Méran sous ce double rapport nuit à celle qu'ils ambitionnent et qu'ils proclament. Pour eux, Méran est surtout et avant tout une station d'hiver, à l'exemple de Hyères, de Pau et de Pise.

En traçant ces lignes, j'accomplis une promesse que j'ai faite au docteur Pircher et au régisseur qui, m'accompagnant à la voiture au moment du départ, me criait pour adieu : Souvenez-vous, en parlant de nous, que Méran est une ville d'hiver, et que le reste est peu de chose.

Je tiens d'autant plus volontiers ma parole engagée que j'ai trouvé, aussi bien chez le docteur Pircher que chez le régisseur, l'amabilité la plus affectueuse et la courtoisie la plus prévenante; ils m'ont fourni tous les renseignements dont j'avais besoin, et m'ont accompagné dans toutes les courses que j'ai eu à faire.

Le bâtiment où se boit le petit-lait est situé au bout de la principale promenade de la ville, le *Wassermauer,* digue plantée d'arbres, qu'il a fallu opposer au Passeyerbach, torrent inpétueux dont les débordements ont plus d'une fois ravagé Méran.

Ce bâtiment a plusieurs destinations : il sert de trinkhalle, au printemps, pour le petit-lait; en automne, pour les cures de raisin ; et en hiver, il devient guinguette pour les tireurs à la carabine. Avec la prétention, justifiée d'ailleurs par un doux climat, de faire de Méran une station hivernale, ce bâtiment ne peut avoir, en effet, que cette dernière destination que complète, par derrière, un champ bordé de murs et où s'étalent des cibles de toutes formes.

Au rez-de-chaussée sont trois petites pièces, dont une est affectée au tir, et dont les deux autres sont garnies de tables et de chaises qui m'ont rappelé l'ameublement des plus infimes cabarets de nos villages.

Une de ces pièces est ornée de trois dessins à la sanguine, représentant trois épisodes de la guerre de l'indépendance du Tyrol en 1809, et dont le plus remarquable est le serment solennel du capucin Haspingher, du lieutenant Specbacher et de l'aubergiste André Hofer, sous la conduite duquel se faisait l'insurrection.

Autrefois, le petit-lait que consommait Méran se préparait à Tyrol, petit village sur le Küchelberg, à une heure environ de la ville. Aujourd'hui, le lieu de sa préparation est encore plus rapproché : c'est Allgund, petit bourg à une demi-heure au plus de Méran.

Le ferment employé pour séparer le caséum de la partie liquide est, comme partout, la présure desséchée, et, comme partout, le préparateur possède un secret de précipitation et de clarification qu'il ne fait pas connaître. — Décidément, je ne rencontrerai pas un pâtre qui ait un peu de cette antique loyauté des habitants des montagnes !

On ne se sert, comme en Suisse, que du petit-lait de chèvre ; ce n'est que par une rare exception que l'on a recours à celui de vache ; et il en doit être ainsi, car Méran réserve tous ses soins aux affections que sollicite la douceur de son climat, c'est-à-dire à toutes les maladies des voies respiratoires, celles-là mêmes qui réclament presque exclusivement le petit-lait de chèvre.

Cependant d'autres malades fréquentent, au printemps, cette station ; le docteur Pircher, ainsi que son confrère le docteur Ludowig Kleinhans, dont le souvenir m'avait échappé tout à l'heure, s'accordent à dire que leur petit-lait est heureusement employé dans les engorgements du foie, dans la gastrite chronique, dans la chlorose et dans l'anémie.

Il est vrai qu'ils recourent, comme à Ischl, au mélange des eaux minérales et du petit-lait, et que leur préférence se fixe presque exclusivement sur les eaux ferrugineuses, sur les eaux alcalines et sur les eaux purgatives.

La dose du mélange est variable selon chaque malade, et est subordonnée à la prescription du médecin.

Quant à l'hydrothérapie, on ne fait guère, à Méran, que le drap mouillé ; cependant, un établissement hydrothérapique existe, et je ne pense pas que la règle posée par le docteur Pircher soit aussi absolue qu'il a bien voulu dire.

Le petit-lait est apporté chaque matin d'Allgund dans des vases de terre vernie et est constamment tenu à la température de 29 à 30 degrés Réaumur, au moyen d'un bain-marie, dont l'eau est renouvelée au fur et à mesure de son refroidissement.

Il est bu le matin, comme partout, de six à huit heures, de quart d'heure en quart d'heure, dans des tasses semblables de forme à celles d'Ischl, mais un peu plus grandes; tandis que le vase d'Ischl ne contient que 173 grammes, celui de Méran contient 223 grammes.

La dose est de quatre à cinq tasses.

Les heures des repas sont encore ici les mêmes qu'en Suisse et à Ischl : une heure après l'absorption de la dernière dose, déjeuner au chocolat ou au café; à une heure, dîner substantiel d'où sont exclus les acides et les crudités; à huit heures enfin, collation légère soit avec un potage, soit avec du thé.

Mais contrairement à ce que j'ai recueilli en Suisse et à Ischl, il est défendu, à Méran, de faire usage, pendant la cure, soit de beurre, soit de lait, soit de fromage aigre. Il y a, dans cette partie du régime, une contradiction que je ne puis comprendre, et ce n'est que sous toute réserve que je donne l'explication des médecins de Méran ; puisque, disent-ils, on dépouille le lait de ses parties grasses et solides, pour n'administrer que les parties sucrées et salifiables, il est rationnel de ne pas donner, sous une autre forme, pendant la cure, ces mêmes parties grasses et solides que l'on dédaigne. Il faut laisser aux principes actifs toute leur liberté d'action et ne pas les entraver par des obstacles dont on s'étudie à les débarrasser.

On pourrait, je crois, rétorquer ces arguments; mais je ne suis pas allé à Méran pour y chercher un sujet de polémique, et je ne tiens pas à sortir ici de mon simple rôle de narrateur.

Jusqu'à présent, la station qui nous occupe ne nous a rien offert que nous n'ayons vu ailleurs; elle tient, pour ses moyens d'action associés au petit-lait, le milieu entre la Suisse et Ischl.

Mais ce qui la distingue de toutes les autres stations, même d'Ischl, c'est l'usage simultané qu'elle fait du petit-lait et du suc de certaines herbes. Je ne dis pas mélange, car le petit-lait se boit le matin, à jeun, de six à huit heures, tandis que les sucs d'herbes se prennent pendant l'après-midi, entre le dîner de une heure et la collation de huit heures.

Les plantes dont on fait le plus généralement usage, et dont on exprime les sucs, sont : le cresson, le trèfle d'eau, le pissenlit, la véronique et le plantain.

Les doses varient depuis 15 grammes jusqu'à 60 grammes.

Il est d'usage de boire la dose toute pure; cependant, pour surmonter une répugnance bien naturelle, on étend quelquefois les sucs d'un peu d'eau et, au besoin, on les édulcore soit avec du sucre, soit avec du sirop.

Comme on le doit penser, la nature de l'affection à combattre détermine le choix à faire parmi les plantes dont on emploie les sucs,

et dont l'action doit seconder celle du petit-lait soit seul, soit associé
à quelque eau minérale.

Enfin, et pour terminer par un trait commun à toutes les stations
que nous avons visitées, la promenade, faite avec lenteur et modéra-
tion, est recommandée, mais seulement après quelques jours de médication.

VII.

LA STYRIE : Tuffer, Neuhaus, Gleichenberg.

A Botzen, où je revins après mon séjour à Méran, je trouvais le chemin de fer qui, par Vérone, Padoue et Venise, me devait rapprocher de la Styrie.

Le hasard sert quelquefois mieux nos projets que toutes les combinaisons de la prévoyance la plus attentive.

Dans le compartiment de la voiture que j'occupais seul au départ de Botzen, monta bientôt un homme de quarante-cinq à cinquante ans, couvert de la houppelande grise que portent les militaires autrichiens, et dont le grade d'officier se trahissait au cordonnet d'or qui entourait sa casquette.

Après l'échange de quelques paroles de politesse, la conversation devint plus communicative, parce que mon interlocuteur trouvait l'occasion favorable de se remettre à la langue française, ayant l'intention, me dit-il, de venir, l'année prochaine, à Paris, voir l'Exposition universelle.

Grâce à ce motif louable en tous points, notre entretien s'anima bien vite, et, des sujets les plus insignifiants, nous passâmes bientôt aux confidences relatives à nos personnes et au but de notre voyage. Mon compagnon était un médecin militaire, attaché à la commission chargée de régler le matériel du fameux quadrilatère, et il retournait à Peschiera reprendre le poste qu'il avait momentanément quitté, pour escorter un détachement s'éloignant de la Vénétie.

Quand il connut à son tour ma qualité et le motif de mes excursions, il se réjouit de notre rencontre et m'assura qu'il pouvait me donner des renseignements d'autant plus précieux qu'il avait fait, pour son propre compte, une cure de petit-lait, précisément à Gleichenberg, placé en tête de ma liste des établissements séro-lactés de la Styrie.

« C'était en 1855, me dit-il, j'avais épuisé toutes les ressources thérapeutiques contre une, dyspepsie rebelle, qui prenait souvent la forme gastralgique et me plongeait alors dans des douleurs atroces qui me faisaient regretter l'existence. Calmants, narcotiques, toniques, j'avais tout essayé; magnésie, carbonate de chaux, de soude, noix vomique, tout avait échoué; les eaux minérales alcalines, si puissantes en ces sortes d'affections, ne me procuraient qu'un soulagement momentané que le régime le plus sévère ne pouvait maintenir.

« J'étais attaché aux hôpitaux de Venise, mais fort incapable de remplir mes fonctions; j'allais me retirer du service et cacher une vie désormais brisée, au fond de la Bohême, ma patrie, quand un confrère, qui avait longtemps séjourné à Gratz, m'engagea à tenter une cure de petit-lait dont il avait entendu vanter les bons effets. Il m'indiqua Gleichenberg comme la station la plus rapprochée de Venise.

« Je m'y rendis.

« Le confrère auquel je m'adressais pour me diriger dans cette médication toute nouvelle pour moi, le docteur Prazil (1), m'ordonna d'abord trois verres de petit-lait de vache, que j'additionnais avec le sel de Carlsbad. Un repos presque absolu me fut prescrit pendant les huit premiers jours; quand mes selles se furent régularisées sous l'influence du traitement que je suivais, et que je pus obtenir des digestions moins pénibles et moins douloureuses que celles dont je souffrais avant mon arrivée à Gleichenberg, mon guide suspendit le sel de Carlsbad et me tint exclusivement à quatre verres par jour de petit-lait de vache.

« Je ne me rappelle pas exactement le régime auquel j'étais soumis, car cela date de plus de dix ans; mais je me souviens qu'une heure après mon dernier verre, je prenais une tasse de café dans lequel je trempais une tranche de pain noir; à une heure je faisais un repas, le plus copieux que je pouvais; et le soir, au moment de me coucher, je prenais une tasse de chocolat, à la manière espagnole. Je me souviens encore que mes promenades étaient très-limitées, et que je ne devais jamais précipiter ma marche.

« L'amélioration se faisait lentement, mais je sentais tous les jours un progrès s'accomplir, surtout depuis le moment où, grâce au petit-lait et au sel de Carlsbad, je pus aller régulièrement à la selle. Les douleurs gastralgiques ne se montrèrent pas une seule fois pendant le traitement, et mon estomac supporta des aliments qui m'auraient cruellement éprouvé en d'autres circonstances.

« Enfin au bout de vingt-huit jours, le docteur Prazil déclara ma cure finie, et me renvoya en me prescrivant un régime que je ne sui-

---

(1) Le docteur Prazil a publié, en 1850, à Gratz, une monographie très-intéressante sur Gleichenberg : *Gleichenberg, mit historischen notizin der heilquellen.*

vis qu'à demi, comme tous les malades qui oublient trop vite les douleurs passées.

« Je n'eus peut-être pas tout à fait tort, ajouta en souriant mon compagnon de route, car depuis dix ans je suis débarrassé de ma dyspepsie et j'ai repris, à l'exception du tabac, toutes mes habitudes et mon ancienne manière de vivre. »

Et après un moment de silence pendant lequel il tira un carnet de sa poche :

« Puisque vous allez à Gleichenberg, dit-il, voyez le docteur Prazil et assurez-le de ma vieille et éternelle reconnaissance. »

Et il me remit sa carte, qui portait le nom suivant, avec lequel je signe l'observation qui précède : *Dr Alex. Thomaseritz, Regiment-sarzt.*

Nous arrivâmes à Vérone.

En descendant de wagon, tous les voyageurs, hommes, femmes et enfants, furent enfermés dans la salle aux bagages, où ceux-ci ne tardèrent pas à être apportés et ouverts; et là, pendant dix minutes, on nous fit respirer des vapeurs de chlore et on en imprégna nos effets. Cela s'appelle une fumigation, et devait étouffer le choléra que nous pouvions apporter avec nous.

O science! ô progrès! n'êtes-vous donc que de vains mots, même pour les peuples qui ont conquis leur liberté!

A Vérone, je n'eus que deux préoccupations : voir le tombeau de Juliette et déchiffrer, sur la porte Borsari, l'inscription qui y est gravée en l'honneur de Galien. Hélas! le sarcophage qu'on me montra dans un jardin, au bord de l'Adige, n'eût pas obtenu une larme de Roméo; et l'inscription de la porte Borsari a été complétement mangée par ce Gargantua insatiable qui s'appelle le Temps. Je me rabattis sur les arènes et les tombeaux des Scaliger, dont le chef ne fut pas étranger à notre science, et, entre temps, je m'unis de cœur à l'enthousiasme de toute cette ville, débarrassée du joug de l'étranger.

A Padoue, saint Antoine, du haut de ses coupoles, semble s'associer au bonheur de son peuple et bénir l'ère nouvelle qui s'ouvre devant l'Italie.

A Venise, la fumigation s'éleva à des proportions inquiétantes, et je me demandais si le podestat pensait avoir affaire à des Autrichiens par la façon dont ses vapeurs de chlore nous prenaient à la gorge. — Pour mon compte, j'en ai toussé pendant plus de vingt-quatre heures.

Après avoir assisté, au milieu d'une population ivre de joie, à la proclamation du résultat du vote qui liait la Vénétie au royaume d'Italie, et vu s'ouvrir, après de longues années de deuil, la fameuse fenêtre du Palais Ducal, sur la *Piazetta,* au bruit de l'artillerie de la flotte et des cloches des cent églises de Venise, je m'embarquai pour Trieste, et de là, par le chemin de fer, je me rendis en pleine Styrie.

En cette contrée, j'avais inscrit sur mon carnet, pour être visités, les établissements séro-lactés de Gleichenberg, de Tuffer et de Neuhaus.

Tous les itinéraires et les ouvrages d'hydrologie indiquent Gratz comme le point extrême de la voie ferrée et où il faut prendre des voitures pour aller à ces stations. Erreur, complète erreur, qui peut induire en dépenses et en perte de temps inutiles : Gleichenberg n'est distant de la gare de Spielfeld que de quatre heures; il en faut huit ou neuf en partant de Gratz; Neuhaus n'est qu'à une heure un quart de la gare de Cilly ; et Tuffer est lui-même une station du chemin de fer de Vienne à Trieste.

Comme je venais de cette dernière ville, je dus commencer ma tournée par Tuffer ; puis m'arrêter à la station suivante, Cilly, pour me rendre à Neuhaus; enfin finir par Gleichenberg, en descendant à. Spielfeld, seconde station après Marburg (1).

C'est dans l'ordre de cet itinéraire que je parlerai de ces trois établissements.

En descendant à la gare de *Markt-Tuffer,* qu'arrose la Sann et qu'entourent de hautes montagnes dont les flancs sont parsemés de murs blancs d'églises et des ruines d'un vieux château, on rencontre, à quelques pas de la station, l'établissement de bains d'eau minérale et de petit-lait.

Les bains de Tuffer, également appelés *Römerbad,* parce qu'ils étaient connus des Romains, ou *Teplitz* (en langue slave) à cause de la haute température de leurs eaux, se composent de deux grandes piscines, le *Römerbad* et le *Fürstenbad,* dont l'eau se renouvelle deux fois par jour.

Aucun établissement n'est spécialement consacré aux cures de petit-lait; cependant un chalet suisse, élevé au milieu d'un jardin anglais, est plus particulièrement destiné à cet usage. Mais comme à Weissbad, comme à Horn, quand le temps le permet, la cure se fait en plein air, et le chalet ne sert guère que pour les jours de pluie.

A Tuffer, le petit-lait ne joue qu'un rôle secondaire. Ses eaux, faiblement minéralisées, n'ont d'autre spécialisation que celle des eaux douées d'une haute thermalité, et, par conséquent, ne s'administrent,

---

(1) Si l'on venait de Vienne, qui est la route la plus courte de France en Styrie, il faudrait nécessairement suivre l'ordre inverse à celui que j'indique ici.

guère qu'en bains. Sa clientèle est donc surtout composée de rhumatisants, de paralytiques et de quelques névropathiques.

C'est pour ces derniers que l'on associe la boisson du petit-lait avec les bains de Tuffer.

Le petit-lait dont on fait usage est celui de vache, et il se prépare dans la vallée, non loin de l'établissement. On le mélange très-souvent, pendant toute la cure, avec l'eau minérale qui surgit au pied du *Senosek,* et qui lui conserve, par ainsi, la température de 28 degrés, qu'il perdrait promptement dans les vases mal clos qui le renferment.

Les eaux de Neuhaus, à 6 kilomètres de Cilly, station qui suit immédiatement celle de Tuffer, sont semblables aux précédentes comme composition et comme thermalité. Le voisinage de ces deux établissements est trop grand pour que leurs habitudes ne soient pas les mêmes.

Cependant, les cures de petit-lait se font à Neuhaus et plus nombreuses et d'une manière plus régulière qu'à Tuffer; sans y occuper le premier rang, elles y jouent un rôle considérable, et cette importance s'explique facilement par la nature des affections qui fréquentent cet établissement; tandis qu'à Tuffer les rhumatismes et les paralysies dominent, à Neuhaus se donnent rendez-vous les névropathies, les hystéries et les maladies de l'utérus à forme éréthique; toutes affections qui, on le verra plus loin, rentrent essentiellement dans le cercle de la médication séro-lactée.

A Gleichenberg, où je n'eus pas la bonne fortune de rencontrer le docteur Prazil, on emploie sur une grande échelle le petit-lait, et même le lait, soit seul, soit associé avec l'eau de la source de Constantin.

On trouve, à cette station, du petit-lait de chèvre et du petit-lait de vache. L'un et l'autre sont préparés à l'établissement même, qui offre une excellente organisation.

L'ordonnance de la médication et le régime, dans les trois établissements de la Styrie qui m'occupent en cette place, ne s'éloignent pas sensiblement de ce que nous avons vu ailleurs. Contrairement aux habitudes de Méran, le lait, surtout à Gleichenberg, loin d'être défendu, fait en quelque sorte partie du traitement. La matinée, de six à neuf heures, est consacrée à la boisson du petit-lait, et l'après-midi, de trois à six heures, à celle du lait. Tandis que l'on boit de quatre à cinq verres du premier, on dépasse rarement deux verres du second.

Gleichenberg présente une autre particularité que je n'ai pas encore notée, mais que nous retrouverons plus loin, aux environs de Vienne:

je veux parler de l'usage simultané, mais séparé, des eaux minérales et du petit-lait.

La manière de procéder est la suivante : on commence ordinairement par l'eau minérale, qui est presque toujours celle de la source Constantin (acidule, alcaline) et dans quelques cas celle de la *Johannisbrunnen* (ferrugineuse), qui est distante d'une heure à peu près de la première ; après une promenade d'un quart d'heure à travers les nombreuses villas et les allées ombreuses qui remplissent la large vallée, on boit, selon la nature de l'affection et celle de l'eau minérale précédemment prise, un verre de petit-lait de chèvre ou de vache ; puis, après le même temps écoulé, on revient à l'eau minérale et on finit enfin par un dernier verre de petit-lait.

Il est rare que dans la même matinée on dépasse deux verres de petit-lait et deux verres d'eau minérale.

Cette médication alternée, si l'on peut ainsi dire, s'emploie tour à tour et suivant les indications, soit avec la source Constantin et le petit-lait de chèvre ou de vache, soit avec la Johannisbrunnen et le petit-lait de vache.

La pratique suivie à Ischl, c'est-à-dire le mélange **du** petit-lait et de l'eau minérale, se fait également à Gleichenberg, dans les cas surtout où il faut tempérer l'action trop excitante de l'eau minérale.

Enfin chez les sujets trop irritables ou chez ceux dont les voies digestives ont une susceptibilité excessive, comme devait être mon compagnon de route dont j'ai rapporté l'histoire plus haut, on fait la cure de petit-lait dans toute sa simplicité, telle qu'elle est en usage dans les établissements d'Appenzell.

Dans la même journée j'eus le temps de regagner la gare de Spielfeld, d'où j'étais parti le matin, et de reprendre le chemin de fer qui me conduisit à Vienne.

Je ne puis franchir ce long trajet sans donner un souvenir au Semmering, une des curiosités de l'Autriche. La voie ferrée qui relie Vienne et Trieste, est la première qui ait franchi les Alpes ; « ce chemin de fer, dit M. Joanne dans son Guide, doit son nom au Semmering, ramification des alpes Noriques qui sépare la vallée de la Leitha de celle de la Muhr, et dont le col, traversé par la route de terre, a 990 mètres au-dessus de la mer Adriatique, 578 mètres au-dessus de la station de Gloggnitz et 337 mètres au-dessus de celle de Mürzzuschlag..... Il fallait donc, pour aller de Vienne à Trieste, monter de Gloggnitz au Semmering, et descendre du Semmering à Mürzzuschlag. »

Pour accomplir ce tour de force, l'ingénieur, M. Carlo di Chega, a dû donner à ses pentes un maximum de 25 millimètres par mètre, et à ses courbes un minimum de rayon de 189 mètres. La descente est vertigineuse et d'autant plus effrayante que l'on traverse quinze souterrains successifs dont le plus long a 1,428 mètres. Le nombre des viaducs, à plusieurs étages d'arches, est en proportion avec celui des tunnels; leur hauteur varie de 11 mètres à 45 mètres.

Pendant l'été, des trains de plaisir et à prix réduit mènent les habitants de Vienne admirer cette merveille, car au sommet du Semmering est une auberge..... dont Dieu vous garde.

VIII.

L'ALLEMAGNE : Kierling, Vöslau, Baden.

A la page 121 de l'excellent ouvrage de M. Carrière, j'avais lu et
mis sur mon itinéraire de voyage le passage suivant : « Vienne est
encore une station de petit-lait, mais une station d'où il est transporté du dehors, et qui a l'avantage de fournir, pendant l'hiver, ce
remède aux malades d'une ville où la tuberculose exerce de grands
ravages. Aux alentours de cette capitale, les stations se multiplient :
Klosterneubourg, Vöslau, Baden près Vienne, surtout sont des contrées où les cures de petit-lait fixent une nombreuse clientèle. »

Dès mon arrivée dans la capitale de l'Autriche, je me mis en mesure de visiter les stations signalées par M. Carrière, en commençant
par Klosterneubourg, et réservant pour la fin mon étude sur Vienne.

Je partis donc pour Klosterneubourg ; mais là, contrairement aux
indications fournies par M. Carrière, je ne trouvais que des casernes
et des couvents, des soldats et des moines. Le petit-lait y était parfaitement inconnu, et je n'étais compris de personne quand je demandais le *molkenkur* (la cure de petit-lait).

Cependant, après force recherches et informations (car je ne voulais pas perdre le fruit de mon excursion.), j'appris qu'à une heure
de Klosterneubourg, des malades allaient, pendant l'été, boire du
petit-lait dans un chétif village appelé Kierling.

Je me fis conduire au lieu désigné, et je découvris enfin une maison basse et de très-modeste apparence, qui répondait aux indications
que l'on m'avait données.

C'était la demeure du médecin du bourg, qui prépare lui-même le
petit-lait, le vend à la chopine, et qui en expédie à certains établissements de Vienne dont je parlerai plus loin.

Le docteur Reiss — c'est le nom de notre confrère de Kierling, qui
voulut bien me donner tous les détails qui vont suivre — n'emploie
que le petit-lait de brebis, et l'obtient au moyen du vinaigre. Nul
autre que lui n'aborde cette préparation, car il faut une certaine habitude pour obtenir la précipitation complète du caséum, et en même

emps ne pas communiquer de l'acidité au produit. — Cette nouvelle édition du fameux *tour de main* si vanté en Suisse, à Ischl et à Méran, est ici plus acceptable à cause du vinaigre ; mais j'estime que, dans moins de huit jours, le moindre apprenti sera passé maître.

Cette opération terminée, en conservant toujours une température voisine de l'ébullition, on passe le petit-lait obtenu d'abord à travers un linge, et plus tard, *quand il est refroidi,* à travers du papier joseph.

Du petit-lait refroidi !! mais c'est le renversement de tout ce que nous avons vu jusqu'ici. Cependant, je le répète, à Kierling, le docteur Reiss l'ordonne et le fait boire froid, et ne le réchauffe au bain-marie que lorsqu'une indication spéciale exige une température élevée.

Quelquefois aussi il prescrit, concurremment avec le petit-lait, l'usage des eaux minérales ; mais, contrairement à ce qui se pratique à Ischl, il ne mélange jamais les deux liquides.

Tandis qu'à Gleichenberg, comme nous l'avons vu, on alterne de quart d'heure en quart d'heure les verres de petit-lait et ceux d'eau minérale, à Kierling, cette alternance a lieu de cinq en cinq minutes et par gorgées. A cette manière de faire, le docteur Reiss trouve l'avantage d'agir d'une façon plus continue sur l'appareil respiratoire, car, hâtons-nous de le dire, les affections de cet appareil sont les seules qui fréquentent la station dont il s'agit ici.

Mais comment se fait-il que Kierling soit en si flagrante contradiction avec les établissements de Suisse? Ces derniers soutiennent que, dans les maladies de poitrine (tuberculose, laryngite, bronchite, etc.), le petit-lait de chèvre, à la température de 28 à 30° Réaumur, est le seul convenable. A Kierling, au contraire, on n'emploie, dans les mêmes affections, que le petit-lait de brebis, et à la température ambiante.

Qui a raison, ou d'Appenzell ou de la station autrichienne? Je ne sais encore ; mais ce que je sais d'ors et déjà, c'est que la médication séro-lactée est surchargée de préjugés et de formules nébuleuses qui expliquent peut-être l'éloignement dans lequel l'a jusqu'à présent tenue l'esprit essentiellement pratique de la France. Cette médication ne mérite ni l'enthousiasme mystique de la Suisse et de l'Allemagne, ni le dédain systématique de notre pays. Son étude, dégagée de toute prévention, et basée sur l'observation médicale, doit conduire à des résultats satisfaisants, j'en suis convaincu. Mon voyage et ce travail n'ont d'autre but que de contribuer à cette étude, et en même temps d'aider à l'introduction dans notre pays d'une médication que nous ne connaissons encore que par quelques rares écrits.

Mais revenons à Kierling.

Les pâturages où les brebis du docteur Reiss trouvent leur nourriture ne sont point situés sur les montagnes, et n'offrent pas les plantes aromatiques dont se prévaut le canton d'Appenzell ; ce sont tout simplement des prairies arrosées par de petits cours d'eau, et dont l'altitude est insignifiante.

Enfin, et pour en finir avec cette station, le régime d'ététique ne s'éloigne pas sensiblement de celui que déjà nous avons plusieurs fois noté ailleurs, ainsi que les heures réglementaires de la cure et les lentes promenades pour la digestion.

Arrivons à Vöslau.

Vöslau, dans une position diamétralement opposée à celle de Kierling, est une station du chemin de fer de Vienne à Trieste, non loin de Baden, dont je parlerai tout à l'heure.

C'est particulièrement un lieu de plaisance pour les habitants de Vienne, dont les uns y séjournent pendant tout l'été, et que les autres visitent le dimanche, comme font les Parisiens pour Meudon, Ville-d'Avray, le Raincy et tous les riants environs de leur ville.

Cependant Vöslau possède une source simplement et faiblement thermale. Elle est limpide et claire comme de l'eau de roche ; elle alimente un bassin de natation et perd son peu de thermalité dans le trajet fort court, 4 mètres à peu près, de son point d'émergence au bassin de natation.

Au-dessus de cet établissement de bains où la médecine n'a rien à faire, se trouve un petit bois décoré du nom pompeux de forêt, et au milieu de cette forêt une sorte de café-restaurant où les promeneurs vont se désaltérer et se réconforter.

C'est là que se boit le petit-lait.

Je veux bien admettre que quelques cures s'y font, mais il faut reconnaître que le petit-lait fait surtout office de boisson rafraîchissante, et qu'il est donné, à ceux qui le préfèrent, à la place de la bière ou du sirop d'orgeat. Enfin et pour tout dire, sauf quelques rares exceptions, le petit-lait, à Vöslau, n'est pas autre chose qu'une consommation de café.

Passons à Baden.

Je resterai fidèle au but de mon voyage, et n'enfreindrai pas, à l'occasion de Bade, la règle de conduite que je me suis imposée pendant tout le cours de cet ouvrage. Je ne dirai donc rien des sources sulfureuses, du site et des bains de cette ville ; seulement, j'avouerai que je n'ai pas ressenti l'admiration enthousiaste de quelques touristes pour l'aménagement et le luxe de ses bains, ainsi que pour la somptuosité de ses bâtiments. Enghien, qui se trouve dans des conditions topographiques et hydrologiques à peu près identiques avec celles de la station autrichienne, est en tout supérieur à Bade par ses constructions, par son aménagement hydrologique et par son site, auquel le voisinage d'un beau lac donne une valeur sans pareille. Quand donc nous rendrons-nous justice à nous-mêmes, et ne déprécierons-nous plus nos richesses vraies, en vantant outre mesure les médiocrités de nos voisins?

Mais je reviens au petit-lait.

L'établissement où se font les cures séro-lactées est situé dans le parc du baron Doppelhof, à quelques pas du château, qui n'est point accessible aux visiteurs. Le parc a été divisé en deux parties inégales, dont la plus étendue est livrée aux promeneurs, et dont l'autre est réservée à la jouissance privée du propriétaire.

L'établissement rappelle de loin ceux de Gais, en Suisse. Il se compose d'un bâtiment en retour, décoré d'une galerie couverte, au bout de laquelle se trouve une salle meublée de bancs et de chaises, refuge des malades pendant les mauvais jours, et d'où s'exhale un parfum très-prononcé des vacheries qui l'avoisinent.

Une espèce de grande cour carrée s'étale devant l'établissement, auquel font face des écuries et des étables.

Quand le ciel est beau, le petit-lait se prend au milieu de cette cour, et les malades se promènent dans le parc; quand le temps est mauvais, la buvette est établie dans la salle dont j'ai parlé plus haut, et la galerie couverte fait office de promenoir.

L'établissement est tenu par un fermier hongrois, auquel le baron Doppelhof fournit les bestiaux nécessaires au commerce de la laiterie, car, outre le petit-lait, le fermier fabrique du beurre et du fromage, et envoie du lait sur les marchés de Vienne.

Jusqu'à l'année dernière, m'a dit le docteur Mülleitner, dont les indications médicales m'ont été d'un grand profit, le propriétaire entretenait des brebis pour le service du petit-lait; mais, s'étant aperçu que la production exagérée du lait portait préjudice à l'abondance et à la beauté de la laine, il préféra les revenus de ce dernier produit à ceux du premier, et retira les brebis de l'établissement, et n'y laissa plus que des vaches.

Celles-ci ne quittent l'étable ni hiver ni été; elles n'en sortent que pour aller à l'abreuvoir. On les nourrit avec du maïs et du trèfle, et en hiver avec des betteraves. En été, pour donner plus de saveur au petit-lait, on mêle du foin à leur nourriture habituelle.

Comme on le voit, nous sommes bien loin des pâturages alpestres et aromatiques de la Suisse. Des prétentions exagérées du canton d'Appenzell, nous sommes graduellement arrivés, en passant par

Ischl, Méran et Gleichenberg, au brutal réalisme de Bade. En Suisse, il fallait que les chèvres aillent sur les plus hautes montagnes choisir les plantes parfumées qui veulent une grande altitude, conditions indispensables, disait-on, à la bonté du petit-lait. A Bade, au contraire, s'il en faut croire le pâtre hongrois, le petit-lait est de meilleure qualité quand l'animal a une nourriture choisie et réglée, et en même temps le plus absolu repos. Il rapprochait de cette production, que, si l'on osait, on pourrait appeler artificielle, celle de la graisse chez les oies et autres volailles condamnées à l'empâtement et à l'inaction, et il me demandait si la graisse de ces oies n'était pas préférable à celle des oiseaux vivant en plein air (1).

Je ne puis, dès à présent, me prononcer sur l'excellence de ce raisonnement et sur la pratique dont elle est la conséquence; mais il faut reconnaître que les médecins et les malades qui fréquentent les établissements séro-lactés de l'Allemagne, du Tyrol et de la Styrie, ne sont le jouet ni d'une erreur ni d'une illusion, et que, si les cures du petit-lait ont pris dans ces contrées une importance et un développement considérables, les résultats obtenus sont tout aussi avantageux qu'en Suisse, et que, par conséquent, les prétentions d'Appenzell sont de simples manifestations d'un patriotisme exagéré.

Je reviens à Bade.

Le petit-lait de vache y est presque seul employé. Cependant la ferme de Weikersdorf, à peu de distance de là, y envoie, pendant l'été, du petit-lait de chèvre qui néanmoins ne joue qu'un rôle secondaire dans les traitements de cette station.

Le petit-lait s'y prépare, comme à peu près partout, avec de la présure; mais ici la présure employée n'est pas à l'état sec; elle est conservée fraîche, coupée en petits morceaux, dans un mélange d'eau et de sel. J'avoue que l'aspect de cette membrane de l'estomac, ainsi marinée, n'est pas agréable à la vue, bien qu'elle n'exhale aucune espèce d'odeur. Malgré les avantages de durée que me vantait le fermier hongrois, je préfère de beaucoup la présure desséchée, qui n'a pas l'inconvénient d'augmenter le goût aigrelet que présente déjà le petit-lait.

Ce liquide se boit dans des verres ordinaires, dont le prix est de 6 kreutzers autrichiens, c'est-à-dire 30 centimes. La quantité en est

---

(1) Dans un des chapitres suivants, le chapitre X, consacré à la synthèse de la pratique séro-lactée, je développe cette théorie hongroise que je désignerai sous le nom d'*entraînement lacté,* par analogie avec ce qui se fait en Angleterre et en France pour les muscles et les parties adipeuses de certains animaux.

réglée par le médecin, qui va rarement au delà de cinq verres par jour.

Contrairement à ce que nous avons vu dans les autres stations, le petit-lait est servi, à Bade, pendant toute la journée ; ce qui s'explique par le nombre considérable de personnes qui visitent cette localité sans être malades, et qui prennent un verre de petit-lait en guise de liqueur rafraîchissante, et en remplacement de la bière ou du sirop de groseille.

Le petit-lait est servi chaud à toutes les heures du jour, et un simple brasier le tient à cette température, qui n'est jamais portée jusqu'à l'ébullition.

On sait toute l'importance d'une bonne préparation pharmaceutique ; on me pardonnera donc de descendre, comme je le fais, dans tous les détails de la cuisine séro-lactée, qu'on me passe le mot, surtout si l'on remarque que je suis allé étudier une médication presque inconnue chez nous, et qu'il m'a fallu pénétrer dans toutes ses parties pour en apprécier la valeur et, au besoin, en faire l'application.

Mais je reviens en toute hâte aux notes médicales que m'a fournies le docteur Mülleitner.

Notre confrère, qui, avant l'interdiction du baron Doppelhof, avait expérimenté et employé avec succès le petit-lait de brebis, celui de chèvre et celui de vache, était arrivé aux conclusions suivantes :

1° Les petits-laits de chèvre et de brebis se valent dans le traitement des affections des voies respiratoires (tubercules, bronchite, laryngite, etc.) ;

2° Le petit-lait de vache est de beaucoup préférable dans les affections du bas-ventre (entérite ou entéralgie, engorgement du foie et de l'utérus, catarrhe vésical, etc., etc.) ;

3° Enfin, les trois espèces de petit-lait conviennent également dans les maladies générales (chlorose, anémie, scrofule) et dans celles du système nerveux (névralgies et névroses).

Le mélange du petit-lait et des eaux minérales se fait, à Bade, d'une manière fréquente ; cette alliance a lieu presque toujours avec les eaux alcalines, quelquefois avec les eaux laxatives, mais jamais avec les eaux sulfureuses. Et cette station, pourtant, possède huit sources de cette nature.

On a déjà pu faire cette curieuse remarque à l'occasion de Ischl et de Gleichenberg, et s'être demandé comment, dans la tuberculose et la bronchite, par exemple, les eaux sulfureuses, partout conseillées en France, n'étaient point associées à un médicament qui passe, en Allemagne, pour un spécifique de ces affections.

Ce point de thérapeutique, quelque étrange qu'il paraisse au premier abord, trouve son explication dans les propriétés physiologiques du petit-lait, et je me réserve d'en fournir la théorie, mieux que ne l'a fait M. Carrière, dans le XIe chapitre, consacré à la synthèse de la thérapeutique séro-lactée.

L'association du petit-lait et des pratiques hydrothérapiques ne se fait pas à Bade, malgré l'existence de plusieurs piscines et de plusieurs bassins de natation.

Cette association se pratique dans un petit établissement à une demi-heure de Bade, à Gainfahren, et le docteur Mülleitner m'assura que les résultats obtenus étaient satisfaisants.

Je ne pus, malgré mon désir, aller sur les lieux mêmes me rendre compte des conditions de cette association. Je le regrette vivement, mais la nuit s'approchait, et mon prompt retour à Vienne était indispensable.

L'ALLEMAGNE : Vienne, Streitberg, Schlangenbad.

La capitale de l'Autriche n'est pas, à proprement dire, une station séro-lactée ; je n'en parle ici que pour marquer l'importance dont jouit, en Allemagne, le petit-lait, et aussi pour signaler un des côtés des habitudes germaniques que j'avais parfois entrevues dans mes rêves hydrologiques et dont j'ai trouvé, à mon retour à Paris, des essais encore informes, mais qui se peuvent compléter.

Depuis longtemps la population viennoise fait usage du petit-lait ; elle s'en servait peut-être moins comme médicament que comme boisson rafraîchissante ; on le trouvait dans certains cafés, surtout dans ceux qui étaient à proximité ou sur le terrain même des promenades et des jardins publics, comme le Prater, par exemple.

Mais le Prater, situé dans un des faubourgs les plus populeux de Vienne, le *Léopoldstadt,* est depuis longtemps délaissé par la bourgeoisie et l'aristocratie ; ses allées poudreuses et ses prairies foulées sont abandonnées aux baraques des saltimbanques, aux comptoirs des marchands de vin, aux cirques acrobatiques et aux restaurants de bas étage ; le petit-lait a nécessairement cédé la place au petit-bleu, et est allé demander l'hospitalité à un jardin plus aristocratique, le jardin du Peuple, *Wolksgarten,* attenant à la résidence impériale, à peu près comme le jardin des Tuileries tient au château.

Dans ce jardin, touchant presque au *Burgthor,* cette porte monumentale du palais impérial, et en face du temple grec qui renferme le groupe célèbre de Canova, *Thésée vainqueur du Minotaure,* s'élève un bâtiment demi-circulaire d'une recherche et d'une fraîcheur extrêmes, où, pendant l'été, se réunissent les élégants et les désœuvrés des deux sexes, attirés en ce lieu par la musique militaire, dont l'orchestre se trouve à quelques pas.

C'est là que se boit le petit-lait.

Le matin, alors que tout dort encore dans ce quartier aristocratique, les malades auxquels la fortune, les affaires ou les occupations ne permettent pas de quitter Vienne, s'acheminent vers le jardin du Peuple, et y font la cure de petit-lait.

Celui-ci est apporté, tous les jours, de Kierling ou de Bade, dont j'ai parlé dans le chapitre précédent; il est rare qu'on lui associe les eaux minérales, et, dans l'immense majorité des cas, la cure se fait simplement avec le petit-lait.

A neuf heures tout est fini, et le sérum qui reste est servi, pendant la journée, comme une consommation de café.

L'entreprise a dû être fructueuse, car, au moment où j'écris, il s'élève un concurrent redoutable contre l'établissement du jardin du Peuple.

Ce concurrent a la prétention non-seulement de remplacer la station, qu'on me passe le mot, de Volksgarten, mais encore de faire revivre la trinkhalle que l'on avait établie jadis sur le Wasserglacis, près de Carolinenthor; en un mot, d'élever une trinkhalle, à l'imitation de celle d'Ischl, où se boiront le petit-lait et les eaux minérales, soit séparément, soit mélangés ensemble.

Ce nouvel édifice, dont j'ai pu admirer les splendeurs extérieures, est un magnifique et grandiose palais, tout en pierre de taille, et surchargé de statues et de vases. Un perron, occupant toute la façade du bâtiment, conduit à une immense galerie en forme de portique, soutenue par des colonnes corinthiennes et défendue par des soubassements taillés à jour.

C'est la trinkhalle.

De ce portique, la vue s'étend sur les beaux boulevards qui ont remplacé les glacis, et sur le Stadtparck qui a donné l'hospitalité à cette construction monumentale. Les malades auront la jouissance de ce jardin public dont le dessin, l'emménagement et le bon entretien sont déjà une des merveilleuses choses de la capitale de l'Autriche.

Le palais de Stadtparck n'était point terminé à l'intérieur quand je l'ai visité ; mais par les magnificences qu'il étale à l'extérieur, on peut prévoir le luxe et la richesse qui seront prodigués dans la partie du programme que je ne connais pas. Ce sera, à coup sûr, la plus somptueuse trinkhalle de toute l'Allemagne.

Sans m'élever à des splendeurs pareilles et sans songer aux cures de petit-lait dont je ne m'occupais pas encore, je m'étais souvent demandé s'il ne serait pas possible d'établir dans nos grandes villes, à Paris surtout, sur un point central et fréquenté, comme les boulevards, par exemple, un établissement où se boiraient, été comme hiver, toutes les eaux minérales transportées.

Il serait oiseux de s'arrêter sur l'intérêt immense qu'un semblable établissement offrirait aux personnes si nombreuses qui ne peuvent se déplacer et qui, pendant l'hiver, trouvent partout porte close.

Sans doute, l'avantage de faire un traitement hydro-minéral sur place serait singulièrement contrarié par l'absence de ce que j'ai appelé ailleurs les circonstances accessoires dont le rôle, j'en conviens, n'est pas sans importance dans la médication par les eaux minérales.

Mais tout en tenant compte de certaines conditions défavorables, n'y aurait-il pas encore quelque bénéfice à prendre ainsi les eaux minérales qu'à se priver d'un médicament sans équivalent dans bien des circonstances ?

Ce n'est point ici le lieu d'aborder une semblable discussion, et je n'ai posé le problème que comme l'expression d'un rêve que depuis longtemps j'avais formé déjà.

Les trinkhalles que je vis à Ischl, et surtout à Vienne, donnèrent à mon rêve une forme plus accentuée, et je fus presque honteux d'être resté, en mes diverses publications hydrologiques, dans les pures sphères de l'idéalité.

D'autres, moins timides que moi, se sont mis à l'œuvre.

D'un côté nos boulevards et nos grandes artères macadamisées présentent, de distance en distance, des comptoirs couverts, assez élégants, ma foi ! où se débite l'eau de Seltz, soit seule, soit aromatisée avec le sirop de groseille ou d'orange. Ces petites boutiques s'appellent des trinkhalles, et remplaceront avantageusement les anciens et classiques marchands de coco. L'hygiène a tout au plus à voir quelque chose en cette affaire ; mais le mot, consacré en Allemagne aux buvettes de petit-lait ou des eaux minérales transportées, est introduit dans notre langue, et y restera avec sa signification propre, puisque l'eau de Seltz est elle-même une eau minérale.

D'autre part, quelques Sociétés fermières d'eaux minérales ont également établi, dans leurs entrepôts respectifs, une véritable trinkhalle, où malheureusement elles n'admettent en consommation que l'eau de leurs sources.

N'importe ! c'est un premier pas, c'est un essai modeste encore, mais qui laisse poindre, dans un avenir plus ou moins prochain, une industrie nouvelle et de nouvelles ressources pour les malades.

Si, à l'occasion de ce qui se fait à Vienne, j'ai touché, en courant, à cette face inconnue chez nous de la question des eaux minérales et du petit-lait, je ne dois pas m'y arrêter davantage, parce que cette digression, déjà trop longue, est en dehors du but de mon voyage.

Autre part, je l'espère, elle trouvera une place plus convenable et mieux préparée.

Vienne ne me rappelle plus à présent que pour prendre le chemin de fer de Nuremberg, qui doit me conduire dans la *Suisse franconienne* (1).

Sur mon carnet de voyage, à l'occasion de la Franconie, j'avais inscrit la note suivante, extraite de l'ouvrage de Baedeker : « La petite contrée montagneuse qui, formée par les prolongements ouest du Fichtelgebirge, porte, comme la *Suisse saxonne,* ce nom à tort ou à raison, est située presque au milieu du triangle formé par les villes de Nuremberg, de Bamberg et de Baireuth. C'est en réalité un plateau avec des gorges plus ou moins profondes qui, avec leurs étranges configurations de rochers, offrent beaucoup de sites gracieux, mais peu de grandes scènes. La *Wiesent,* rivière limpide et poissonneuse, traverse plusieurs de ces vallées ; les hauteurs boisées sont couronnées d'anciens manoirs seigneuriaux ; les sommités dolomitiques qui s'élèvent sur le calcaire jurassique affectent lés formes les plus étranges. Les grottes (Höhlen) remarquables, ornées de stalactites les plus variées, ont enrichi presque toutes les collections européennes de restes d'animaux antédiluviens qui y ont été trouvés. Ce sont elles avant tout qui ont fait la renommée de la Suisse franconienne ; les sites ne répondent bien souvent guère à l'idée qu'éveille le nom de la contrée... Le *Curhaus* de Streitberg, situé sur une hauteur, où l'on peut faire une CURE DE PETIT-LAIT ou de bains, est en même temps hôtel, etc., etc. »

Baedeker ne m'avait pas trompé ; seulement, j'appris à Nuremberg qu'il me fallait aller à Forcheim, station du chemin de fer un peu plus éloignée, et où je trouverais des voitures qui me conduiraient à Streitberg.

Tout se passa ainsi qu'on me l'avait dit ; mais le Curhaus était fermé depuis le 30 octobre, et le docteur Weber, qui le dirige, était absent depuis cette époque.

Je trouvais bien là deux autres hôtels ; mais personne ne put me fournir des renseignements assez précis sur l'objet de mon voyage, pour qu'il me fût permis de les accepter et de les consigner dans un travail qui, à défaut d'autres mérites, aura celui de la vérité prise sur place.

Nous passerons donc mon excursion à Streitberg au chapitre des profits et pertes.

---

(1) Dans mon itinéraire étaient compris les établissements séro-lactés situés dans les Carpathes. Mais nous étions déjà au 10 novembre, le temps devenait froid et mauvais, et je craignis de m'aventurer au milieu de ces montagnes sans pouvoir remplir le but de mon voyage. Je remis donc, quoique à regret, à une occasion meilleure, cette partie de mon itinéraire.

Je partis pour Francfort, d'où je devais rayonner sur Wiesbaden, Hombourg et Schlangenbad.

Je ne dirai rien des deux premières stations, où la médecine est presque effacée par la roulette et où d'ailleurs ne se font pas les cures de petit-lait. J'y fus amené par le simple désir de voir l'emménagement *mondain* de ces deux stations célèbres, et de rapprocher leur luxe de celui de Baden-Baden que je connaissais déjà, afin de juger ce que, sous ce rapport, nous pourrions faire à Pougues.

. Mais ce serait trop m'éloigner de mon sujet que de m'arrêter plus longtemps à la satisfaction de ce désir, et je passe en toute hâte à Schlangenbad, où nous trouvons les cures de petit-lait établies depuis 1844.

Schlangenbad, situé en plein Taunus, dans une vallée profonde et solitaire, environné de collines boisées, fait partie d'un groupe nombreux d'eaux minérales dont les stations les plus importantes, Wiesbade, Ems, Schwalbach, sont à peu de distance les unes des autres.

On trouve, dans tous les ouvrages généraux d'hydrologie, la description de cette localité et de ses thermes; je ne répéterai donc pas ce que d'autres ont si bien dit avant moi. Seulement je rappellerai, pour bien établir la connexion du traitement suivi à Schlangenbad avec la médication séro-lactée, que les eaux de cette station sont alcalines tièdes, à peine minéralisées, qu'elles sont généralement employées en bains et que leur usage interne n'a lieu que dans de rares exceptions. Les autres pratiques hydrothérapiques y sont également peu en honneur; la douche y serait en effet déplacée et contrarierait les effets essentiellement calmants que produisent les bains de Schlangenbad.

On comprend donc sans peine combien est heureuse l'association de ces bains et de la médication séro-lactée dans les circonstances, si nombreuses en ces thermes, où il faut amener la sédation du système nerveux.

En cette matière et au point où en est mon voyage, je dois céder la parole au docteur Bertrand, qui a résumé, dans la note suivante (1), sa pratique du petit-lait dans la station qu'il dirige.

« L'établissement d'une cure de petit-lait est venu remplir une lacune dont le besoin s'était fait sentir depuis longtemps à Schlangenbad, d'autant plus que l'emploi de ce moyen s'accommode parfaitement avec les maladies qui arrivent ici, et avec le traitement lui-

---

(1) *Traité des Eaux minérales du duché de Nassau,* etc., par une réunion de médecins de ces eaux, trad. de l'allemand, par le docteur H. Kaula. — L'article sur Schlangenbad, qui se termine par la note que je reproduis sur la cure de petit-lait, est signé Dr Bertrand.

même. C'est surtout à mon prédécesseur, le docteur Kniessling, que Schlángenbad est redevable, depuis 1844, de cette amélioration.

« Nous ne donnons que du petit-lait de chèvre. Un troupeau de chèvres des montagnes, très-vigoureuses, élevées dans ce but, et errant toute la journée sur les montagnes environnantes, où elles se nourrissent d'herbes aromatiques, nous fournit un lait excellent. La préparation du petit-lait se fait avec des caillettes de veau et une petite quantité de petit-lait aigre par voie de double séparation, d'après la méthode en usage dans les grands établissements de la Suisse.

« A six heures du matin, on apporte sur la terrasse le petit-lait fraîchement préparé, qui se prend jusqu'à huit heures.

« Il est clair, à demi transparent, d'un jaune verdâtre, d'une saveur sucrée et aromatique à la fois, à laquelle on se fait rapidement. Tout le monde sait que la couleur, la saveur, et l'arome changent avec la saison, la température et ses variations ; que c'est au printemps et dans les premiers mois de l'été que le petit-lait est le plus riche en principes ; enfin, que la grande chaleur et les orages le rendent plus liquide et plus aigrelet.

« Je n'ai pas l'intention de préciser le mode d'action du petit-lait sur l'économie. On sait qu'il agit d'abord en humectant, en adoucissant les muqueuses en général, et celles des organes respiratoires en particulier ; qu'il active les sécrétions de la peau, des reins et du canal intestinal ; qu'il rend les humeurs plus fluides, qu'il calme l'exaltation des systèmes vasculaire et nerveux ; c'est un calmant, un adoucissant général et un léger dissolvant.

« Je ferai seulement observer avec quelle facilité le petit-lait est supporté par les natures les plus irritables, les plus faibles, et les rapports intimes que cette propriété lui donne avec les eaux de Schlangenbad. Aussi, le petit-lait et ces eaux minérales se soutiennent et se complètent-ils dans la plupart des maladies indiquées plus haut. Je ne mentionnerai que l'éréthisme nerveux et les affections nerveuses pathologiques qui en résultent, les dyscrasies, les éruptions chroniques de la peau, les irritations congestives et inflammatoires des organes génito-urinaires, enfin et principalement les maladies des voies respiratoires, etc. Dans les irritations chroniques et inflammatoires du larynx et de la trachée, dans la bronchite chronique, au premier degré de la tuberculisation pulmonaire et même à la période de ramollissement des tubercules, le petit-lait sera toujours un moyen d'une valeur incomparable, estimé par les anciens médecins, négligé pendant de longues années et remis en honneur, comme il le méritait, dans ces derniers temps.

« A Schlangenbad le petit-lait n'est employé qu'en boisson. »

J'ajouterai à la narration du docteur Bertrand, que depuis la publication de son travail, Schlangenbad emploie concurremment avec le petit-lait de chèvre le petit-lait de brebis, et que, suivant l'exemple de Ischl et d'autres stations autrichiennes, il recourt à l'usage interne des eaux minérales, soit seules, soit plus communément mélangées avec le petit-lait. Comme partout, les eaux minérales employées sont alcalines, ferrugineuses ou laxatives.

Je touchais aux frontières de l'Allemagne, je sentais comme un souffle qui me venait de la France,..... mon voyage était fini.

X.

Synthèse de la pratique séro-lactée.

Mon voyage avait essentiellement pour but la pratique de la médication séro-lactée. Tout en étudiant la valeur thérapeutique de cette médication, dont je parlerai dans le chapitre suivant, je devais particulièrement me rendre compte des conditions diverses au milieu desquelles se faisaient les cures de petit-lait, et rechercher si ces cures devaient rester le privilége de quelques contrées favorisées, ou si elles pouvaient rencontrer en France les conditions possibles de leur introduction et de leur développement.

Au soin avec lequel j'ai noté partout la position, les pâturages, l'aménagement, le régime et les habitudes de chaque établissement séro-lacté, on a sans doute deviné la préoccupation qui me dominait, et entrevu les services que je tentais de rendre à notre pays et à la thérapeutique des maladies chroniques.

Mais les efforts que j'ai pu faire seraient à peu près perdus si je laissais épars, dans le récit de ce long voyage, tous les renseignements recueillis et toutes les observations prises. Il importe, ce me semble, de les rapprocher les uns des autres, de les comparer entre eux, en un mot, de les fondre dans une synthèse qui me permette de dégager la médication séro-lactée des préjugés et des erreurs dont elle est obscurcie chez nous, et dont, comme tout le monde, j'étais la victime avant mon voyage.

En première place, l'altitude du lieu où se fait la cure du petit-lait semble, à beaucoup d'esprits, une condition de majeure importance, et ils citent avec complaisance les stations de la Suisse, et surtout Gais, qui occupe le quatrième rang parmi les localités helvétiques pour son élévation au-dessus du niveau de la mer. La bonté de cette position trouve des contradicteurs en Suisse même : le médecin de Weissbad, le docteur Otto Graf, qui habite la ville d'Appenzell, et le docteur Tobler, de Horn, dont j'ai consigné les observations en parlant de cet établissement, reprochent précisément à Gais sa grande altitude, qui expose les malades à un air trop vif et trop sec. Et cependant la différence qui les sépare est peu de chose : Gais est à 934 mètres au-dessus de la mer, tandis que Weissbad en est à 820, et Rorschach et Horn à 400 seulement. De ces élévations extrêmes, nous passons par tous les degrés d'altitude, depuis Ischl, qui compte encore 543 mètres, et Méran, qui n'en compte plus que 242, jusqu'à Vienne, qui n'a qu'une altitude de 156 mètres, égale, à peu de chose près, à celle de Paris.

En présence de ces élévations si diverses, l'altitude ne peut être qu'une circonstance climatologique dont il faut tenir compte pour le malade, mais non une condition indispensable à la cure de petit-lait. Cette question d'altitude, du reste, n'a dû être appliquée qu'indirectement à la médication séro-lactée, à l'occasion de la tuberculose, où elle se pose avant tout quand il s'agit d'envoyer le malade suivre un traitement quelconque.

Il en est de même pour les pâturages où les animaux, vaches, chèvres ou brebis, vont chercher les éléments nécessaires à la sécrétion du lait. Ici encore, la question d'altitude semble se confondre avec celle de la production du sol, car les montagnes de la Suisse, selon leurs admirateurs, doivent à leur élévation une partie des aromes dont leurs plantes sont parfumées.

Je suis bien loin de contester les qualités aromatiques des pâturages suisses, quoique l'analyse chimique n'ait constaté aucune différence entre le lait des animaux suisses et celui des animaux des autres contrées. Le parfum est, je le veux bien, comme un fluide que l'on sent, mais qu'on ne saisit pas.

Cependant, si cet arome, privilége de la Suisse, — et notez que le canton d'Appenzell le réclame pour lui seul, — était une nécessité pour la bonté des cures du petit-lait, il faudrait, en toute justice, condamner à jamais les établissements de l'Allemagne, du Tyrol, de la Styrie, et à coup sûr ceux des Carpathes, que je n'ai pas visités.

Et cependant, je l'ai déjà dit ailleurs, les stations de la Suisse — du moins celles que j'ai parcourues — sont fréquentées par un nombre infiniment moindre de malades que celles des autres contrées que j'ai vues. Évidemment, à moins d'admettre un aveuglement général, une perversion universelle de l'esprit public, et un renversement insensé du bon sens médical, on ne peut soutenir que la médication séro-lactée ne soit possible qu'avec les chèvres nourries dans les pâturages d'Appenzell. Je ne conteste pas qu'au goût, le petit-lait de Suisse ne soit préférable à celui du Tyrol, par exemple ; mais que d'une question de goût on fasse une question de thérapeutique, non, mille fois non, et les faits plaident énergiquement en faveur de mon opinion.

Bien plus, qu'on veuille bien se rappeler ce que le fermier hongrois fait à Bade, près Vienne : il ne discute même pas les différences de pâturages ; il les trouve tous également insuffisants, il les supprime.

J'ai déjà exposé sa manière de raisonner ; qu'on me permette d'y revenir un instant, le sujet en vaut la peine. L'idée est neuve, elle blesse toutes les notions reçues, j'en conviens ; mais soyons comme l'homme fort, n'ayons pas peur d'une idée, quelque subversive qu'elle paraisse.

Le fermier hongrois applique à la sécrétion lactée la méthode très-usitée en France et en Angleterre pour la sécrétion adipeuse et pour le développement des muscles. Les Anglais surtout, qui la désignent sous le nom d'*entraînement,* l'appliquent non-seulement aux chevaux qu'ils destinent aux courses, mais encore aux animaux domestiques élevés pour la boucherie. Tout le monde sait à quelle perfection ils sont arrivés, sous ce rapport, avec leurs porcs et leurs moutons, pour ne parler que de ceux-là. En France, la même méthode est appliquée aux volailles, soit pour la production de la graisse, soit pour le développement du foie : les produits du Mans, de Toulouse et de Strasbourg sont connus de tout le monde.

Pourquoi la même méthode ne serait-elle pas appliquée à la sécrétion du lait ? Sans doute, la quantité du produit sera considérablement augmentée si, au lieu de traire les vaches trois fois par jour, ce qui est l'ordinaire, on fait cette opération cinq et six fois dans le même espace de temps.

Mais s'il gagne sous le rapport de la quantité, le lait, par la méthode de l'entraînement, conservera-t-il toutes ses précieuses qualités ? Le fermier hongrois non-seulement l'affirme, mais il prétend encore que, sous l'influence d'une nourriture choisie, appropriée et savamment distribuée, le lait acquiert des qualités que n'a pas celui des animaux condamnés à la fatigue et au hasard des pâturages ; et, dans son langage imagé, il me demandait si la graisse des volailles, des porcs et des moutons soumis à l'entraînement, n'était pas supérieure, comme qualité, à la graisse des animaux semblables livrés, en plein air, à la recherche de leur nourriture.

Je m'informais alors si l'état d'emprisonnement en lequel étaient tenues ses vaches, et par suite l'absence de l'air, l'ennui et le manque d'exercice, ne déterminaient pas chez ces animaux l'explosion de quelque maladie organique, comme la tuberculose, par exemple, qui, dans ces cas, donnerait au lait des propriétés malfaisantes. Sa réponse fut négative pour les vaches qui n'avaient point de prédispositions à ces maladies ; mais il avoua que sa méthode pourrait bien ne pas être sans influence sur les animaux issus de parents soit tuberculeux, soit cancéreux, etc., et que, dans ce cas, dont il se préoccupait dans l'achat de ses animaux, il avait soin, au premier symptôme qui apparaissait, d'enlever de l'étable l'animal malade, et de le rendre au grand air et à l'exercice.

Quoi qu'il en soit de cette méthode, dont le soin de la juger revient à des hommes plus compétents que moi en ces matières, aux vétérinaires et aux éleveurs, il se fait à Bade des cures de petit-lait qui ne semblent pas donner des résultats moins favorables que ceux obtenus dans les autres stations de l'Allemagne et de la Suisse. Le docteur Mulleitner, qui depuis longtemps exerce la médecine à Bade, et qui dirige en grande partie la médication séro-lactée de cette station, ne se plaint pas de la méthode adoptée par le fermier hongrois, et paraît n'attacher qu'une médiocre importance à l'altitude et à la nature des pâturages.

Sans être aussi radical que notre confrère de Bade, et sans me faire l'avocat convaincu de la méthode hongroise de l'entraînement lacté, je crois que la Suisse est allée trop loin en vantant, à l'exclusion de tous autres, ses pâturages alpestres, et qu'il est possible, comme le démontre le nombre infini de stations de petit-lait établies dans toutes les conditions d'altitude et de productions du sol, d'instituer la médication séro-lactée partout où se trouvent des prairies, soit artificielles, soit naturelles.

Comme on le verra plus loin, le docteur Carrière est parfaitement de cet avis. Donc, sous ce rapport, la France n'a rien à envier à ses voisins, et ne saurait être arrêtée dans la voie de la médication séro-lactée, par la question de pâturages que les intéressés avaient eu soin d'élever au rang de première nécessité, mais que l'expérience et l'observation ont ramené à un rôle plus modeste qu'elle n'aurait jamais dû quitter.

En est-il de même pour la question relative à la nature du petit-lait ; en d'autres termes, peut-on employer indifféremment, quelle que soit l'affection à combattre, le petit-lait de chèvre, celui de vache et celui de brebis ?

Ce problème ne doit point être posé en termes aussi absolus.

Certains établissements n'ont qu'une sorte de petit-lait qu'ils opposent à toutes les affections qui se présentent : la Suisse et Méran n'ont que du petit-lait de chèvre ; Kierling n'emploie que du petit-lait de brebis ; Egerdach, Tuffer, Neuhaus et Bade ne connaissent que le petit-lait de vache ; Gleichenberg utilise tour à tour le petit-lait de chèvre et celui de vache ; Ischl, enfin, la station modèle, a tous les petits-laits médicamenteux, celui de vache, celui de chèvre et celui de brebis.

Si l'on se devait contenter de l'argument tiré de la statistique, il est évident qu'il faudrait conclure, du tableau précédent, que la nature du petit-lait importe peu, et qu'il est indifférent de recourir à l'un ou à l'autre.

De plus, le choix du petit-lait a été déterminé, dans presque chaque station, par des considérations complétement étrangères à la médecine, et on serait vraiment tenté de conclure, en présence des résultats obtenus, à l'entière égalité de tous les petits-laits.

Sans doute un abîme ne les sépare pas, et ils peuvent, au besoin, se suppléer les uns les autres.

Cependant, il existe entre eux des nuances thérapeutiques que l'analyse chimiqne fait pressentir et que l'expérience confirme.

Dès l'antiquité et par la seule observation médicale, ces nuances avaient été notées. J'ai rapporté, dans le second chapitre, l'opinion de Pline ; je vais la compléter ici par celle de Galien, qui fit, comme on le sait, un grand usage du lait dans sa pratique : « Le lait de vache est plus gras, dit-il, le lait de brebis plus épais, celui d'ânesse plus léger ; le lait de chèvre tient le milieu entre tous, de manière qu'on ne peut dire de lui qu'il soit plus gras, plus épais ou plus léger, si on le compare au lait des autres animaux. » Ce jugement, ajoute M. Carrière qui reproduit l'opinion de Galien, est d'accord avec les données modernes ; mais, je le répète, cette distinction marque des nuances bien plutôt que des propriétés essentiellement tranchées, et le tableau des stations que j'ai dressé tout à l'heure, selon la nature du petit-lait dont elles font usage, montre qu'en somme, dans la pratique, cette distinction, sans nul doute utile, n'a pas, sur les résultats définitifs, une influence capitale.

De plus, on peut se demander si le concours des eaux minérales, que quelques établissements utilisent, est destiné à mieux accentuer ces nuances, ou, au contraire, à les effacer complétement.

Il en est ainsi dans quelques circonstances, comme, par exemple, lorsqu'on associe au petit-lait, quel qu'il soit, une eau laxative ou une eau ferrugineuse. Mais dans la généralité des cas, cette association a pour but d'introduire dans l'économie une plus grande masse de sels et, par suite, de hater l'action dynamique de la liqueur séro-lactée.

Cette alliance, blâmée par les uns, applaudie par les autres, est tenue, par les médecins qui y recourent, dans des limites qui ne font jamais oublier la condition essentielle d'une cure de petit-lait, c'est-à-dire l'action purement dynamique et déprimante du médicament, que détruirait la présence de trop d'éléments chimiques et de cette excitation, connue sous le nom de *fièvre thermale,* qu'amène toujours l'usage plus ou moins prolongé des eaux minérales.

Aussi, lorsqu'une eau minérale doit être mêlée au petit-lait, ordonne-t-on de diminuer progressivement les proportions de la première, afin de faire rentrer, au plus vite, la médication séro-lactée dans ses propriétés dynamiques et calmantes.

L'alliance des eaux minérales et du petit-lait n'est pas identique partout; à Ischl et à Méran, on mêle ensemble les deux liquides; à Gleichenberg, on boit alternativement un verre de l'un et un verre de l'autre; enfin à Kierling, les deux liqueurs séparées sont prises alternativement comme dans la station de Styrie, mais par petites quantités, par gorgées et non par verre.

L'expérience ne me permet pas encore de me prononcer sur la bonté de chacune de ces trois méthodes; mais, en principe, je donne la préférence à la pratique adoptée à Ischl, puis à celle suivie à Kierling, me réservant d'expérimenter celle de Gleichenberg.

A l'occasion de l'association des eaux minérales et du petit-lait, je consignerai, avant de fermer ce chapitre, une remarque tout au moins curieuse.

Parmi les affections qui sont tributaires de la médication séro-lactée, le premier rang a toujours appartenu et appartient, aujourd'hui encore, aux affections des voies aériennes.

Les eaux minérales qui, en France du moins, sont presque exclusivement appelées à combattre les affections des voies aériennes, sont, nul ne l'ignore, les eaux sulfureuses.

On devait donc s'attendre, en s'arrêtant à l'apparence, à voir se fortifier l'un par l'autre deux agents en quelque sorte spécifiques, et concourir ensemble à un but que chacun séparément est quelquefois impuissant à atteindre.

C'est le contraire qui a lieu, et au soin avec lequel on se garde de mélanger le petit-lait et les eaux minérales sulfureuses, on dirait que les médecins allemands admettent un antagonisme entre ces deux agents, et redoutent une neutralisation de leurs propriétés respectives, analogue à celle qui résulte, selon quelques thérapeutes, du mélange de la belladone et de l'opium.

J'ai mis sous les yeux de mes lecteurs le catalogue complet des eaux minérales qui se boivent à Ischl, et j'ai pris soin, en prévision de la remarque que je consigne ici, de placer en regard de chaque source l'élément qui lui sert de caractéristique. Nous y voyons des eaux alcalines, des eaux ferrugineuses, des eaux iodées, des eaux purgatives et des eaux salines chlorurées, ces dernières très-vantées, selon les idées de Liebig, dans les affections tuberculeuses ; mais nous n'y rencontrons pas une eau sulfureuse.

Bien plus, à Bade, près Vienne, où existent huit sources sulfureuses chaudes, le docteur Mulleitner se récria vivement, comme si je lui parlais d'une hérésie, quand je lui demandai s'il mélangeait le petit-lait avec les eaux minérales de sa station.

Et cependant, quoique les eaux sulfureuses, il est vrai, supportent moins bien le transport que les autres eaux minérales, il en est qui se boivent loin des sources, et, sans sortir de la France, je citerai les Eaux-Bonnes et celles d'Enghien, dont l'exportation est considérable.

Le docteur Carrière, dans son livre d'ailleurs si remarquable, assure au contraire que les médecins allemands tiennent en grande estime l'association des eaux sulfureuses et du petit-lait, et il prend pour exemples de ce mélange les eaux de Carlsbad, de Marienbad, etc., eaux sulfatées salines, comme si les eaux sulfatées, soit sodiques, soit calciques, soit magnésiennes, conservaient quelque chose des propriétés du soufre qui s'unit à la base. Il est de notion élémentaire en chimie, qu'un sel ne garde aucune propriété des éléments qui concourent à sa composition, et qu'ainsi, le sulfate de soude n'est pas plus du sodium que du soufre. De plus, quel est, dans l'économie, l'acide assez puissant pour déplacer l'acide sulfurique ? Oui, les médecins allemands sont dans le vrai, soit que l'instinct les guide, soit que l'expérience les conseille. Je dirai dans le prochain chapitre les raisons qui me font pencher de ce côté et qui confirment mes idées, depuis longtemps émises, sur le rôle des eaux minérales et la classification qui en découle.

Le régime et l'hygiène sont à peu près les mêmes partout, sauf quelques nuances sans importance ; et l'aménagement, à l'exception d'Ischl, station modèle, est analogue dans à peu près tous les établissements.

Dans le cours de ce travail, je me suis suffisamment étendu sur chacun de ces chapitres pour qu'il soit inutile d'y revenir ici.

Synthèse thérapeutique du petit-lait.

En se reportant à mon second chapitre, on trouvera l'ingénieuse assimilation que font les médecins allemands entre les eaux minérales et le petit-lait ; cette analogie est déduite, à l'endroit que j'indique, de la présence de composés salins aussi bien dans les unes que dans l'autre ; il me faut maintenant l'établir d'après le mode d'action thérapeutique.

Mais avant d'aller plus loin, qu'on me laisse exposer quelques axiomes que m'ont inspirés des études, non interrompues depuis dix ans, sur les eaux minérales, et qui rentrent parfaitement dans le sujet qui m'occupe.

La chimie est un pâle flambeau dans l'histoire thérapeutique des eaux minérales.

La physique, malgré l'électricité dont les charge M. Scoutteten, est un guide encore moins sûr que la chimie.

La géologie enfin est à peine un jalon entre les mains du médecin.

Reste donc l'observation médicale, l'expérience médicale — c'est beaucoup sans doute, mais il ne reste et il n'y a que cela.

Depuis dix ans que je me trouve face à face avec les eaux minérales, soit dans la pratique, soit dans les livres et les journaux, j'ai demandé peu de chose à la chimie, encore moins à la physique et à la géologie, et je me suis toujours applaudi de n'être jamais sorti de l'observation médicale.

Notre art, c'est-à-dire l'art de maintenir l'homme en état de santé, se partage en deux grandes branches : la thérapeutique et l'hygiène.

La thérapeutique a pour mission de guérir une maladie présente, de faire disparaître une cause morbide, locale ou générale, qui trouble le jeu régulier de l'économie.

L'hygiène, au contraire, est non-seulement l'art de prévenir les maladies, en maintenant l'équilibre normal entre toutes les fonctions, mais encore de raffermir cet équilibre chancelant après la maladie que la thérapeutique a dissipée.

Bien qu'inséparables et se complétant l'une par l'autre, les deux branches de l'art médical sont cependant assez distinctes par leur but pour qu'il soit rationnel d'admettre deux sortes d'agents médicamenteux : les uns thérapeutiques et les autres hygiéniques.

Si nous transportons ces idées sur le terrain des eaux minérales, agents essentiellement médicaux, nous y trouvons aussi des eaux minérales thérapeutiques et des eaux minérales hygiéniques.

Toutes les eaux minérales thérapeutiques agissent spécialement sur un appareil d'excrétion.

Toutes les eaux minérales hygiéniques agissent sur l'économie tout entière, soit par une action reconstituante, soit par une action hyposthénisante, soit par une action sédative.

Prenons la première classe de cette grande division, celle qui comprend les eaux minérales thérapeutiques.

Puisque chacune de ces eaux a une action spéciale sur un appareil d'excrétion, leur classification sera facile.

L'économie n'a que trois grands appareils d'excrétion :

1° La peau ;

2° Les intestins ;

3° Les reins.

Il n'y a aussi que trois sortes d'eaux minérales thérapeutiques :

1° Les eaux sulfureuses, qui agissent sur la peau et sur les muqueuses qui sont constamment en contact avec l'air, comme l'est l'enveloppe cutanée ;

2° Les eaux sulfatées et chlorurées, qui portent leur action sur le tube intestinal, et sont toutes, à des degrés divers, laxatives ou purgatives ;

3° Les eaux alcalines dont l'action sur l'appareil urinaire est connue de tout le monde.

L'action médicale de ces trois sortes d'eaux minérales thérapeutiques est double : elle se porte d'abord sur l'appareil d'excrétion luimême et en guérit certaines affections chroniques ; ces affections sont localisées sur les organes de l'appareil :

Les eaux sulfureuses, guérissent les maladies de la peau et les maladies des voies respiratoires.

Les eaux sulfatées et chlorurées exercent une action favorable sur les lésions de l'appareil digestif et de ses annexes, entérite chronique, hypertrophie du foie, etc., etc.

Enfin les eaux alcalines agissent favorablement sur l'appareil urinaire, et nul n'ignore leur action dans la néphrite, le catarrhe vésical, etc., etc.

Mais en outre de cette action toute locale sur les maladies de l'appareil d'excrétion qui leur est soumis, les eaux minérales thérapeutiques agissent sur les états morbides des autres appareils par leur puissance dérivative.

Les anciens, dans ce cas, prétendaient que le médicament expulsait la matière peccante.

L'image est vraie ; seulement il faut savoir choisir l'émonctoire : tel principe morbide refuse de sortir par les reins ; il lui faut les pores de la peau ; tel autre, réfractaire à l'enveloppe cutanée, exige, pour son expulsion, les contractions intestinales, etc., etc.

Tout le tact du médecin est de savoir adapter à une maladie l'émonctoire convenable.

La physiologie est encore ici le conseiller le plus certain ; le praticien y trouvera presque toujours un guide sûr, s'il veut bien se rappeler la mission excrémentitielle de chaque émonctoire, à savoir : que l'intestin est l'appareil d'expulsion des produits excrémentitiels de la digestion ; que le système urinaire est l'appareil d'expulsion des produits de la combustion des substances azotées ; qu'enfin la peau et les voies aériennes sont l'appareil d'expulsion des produits excrémentitiels de la combustion des substances amylacées.

Qu'on y veuille réfléchir, là est toute la médecine par les eaux minérales.

Cette année, à Pougues, — qu'on me permette cette rapide digression, — il m'est arrivé un agent de change dont les digestions étaient impossibles. La dyspepsie, tout le monde le sait, guérit, selon l'occasion, avec toutes les eaux minérales ; mon malade m'offrit d'abord un état particulier de la peau, qui n'était point eczémateuse, mais qui présentait les traces d'une activité anormale : sécheresse extrême, coloration presque nulle, température ordinaire ; d'un autre côté, les aliments sucrés et féculents étaient non-seulement les plus difficiles à supporter, mais encore leur digestion avait sur la peau un retentissement étrange : démangeaisons, fourmillement, élévation de température, que la digestion des aliments azotés ne provoquait pas. Je jugeais que l'émonctoire auquel il fallait s'adresser devait être la peau et non les reins. En conséquence, j'engageai le malade à aller à une station sulfureuse ; il ne voulut pas se séparer de sa femme qui avait besoin des eaux de Pougues, et resta. Conséquent avec mon diagnostic, je défendis impérieusement l'usage interne de nos eaux, mais j'agis violemment sur l'enveloppe cutanée par les douches, les frictions ammoniacales et de fortes transpirations au moyen de l'exercice au soleil. Ce malade guérit et restera guéri tant que l'émonctoire cutané attirera à lui, par une excitation suffisante, la matière *peccante*.

Évidemment, si ce malade était allé à Luchon ou à Cauterets, comme je le lui conseillais, il aurait été guéri aussi promptement et avec moins de fatigue.

Il importe donc, avant tout, dans les affections dont le siége n'est pas sur un des organes de l'appareil excréteur auquel s'adresse l'eau minérale, de bien préciser l'émonctoire qui convient. Il n'est pas toujours facile d'y parvenir, je l'avoue ; mais avec un peu d'habitude, de soin dans l'examen du malade, et de physiologie, on arrive, en fin de compte, à surmonter les difficultés de cette recherche thérapeutique.

Mais une fois l'émonctoire choisi, et par suite l'eau minérale qui doit être employée, il faut annihiler les autres émonctoires non-seulement par l'absence de toute thérapeutique dirigée de ce côté, mais encore par l'hygiène la plus scrupuleuse. Ainsi, pour Pougues, — et on comprendra que je cite toujours cette station qu'une longue pratique et une étude assidue m'ont fait connaître à fond, — pour Pougues, dis-je, j'ai établi ailleurs qu'une haute température ne convenait point pour le |traitement des maladies des voies urinaires et des maladies à dérivation du côté des reins, parce que, sous l'influence de cette haute température, l'émonctoire cufané, surexcité, contrariait l'excitation de l'émonctoire rénal, poursuivie par l'usage interne de notre eau minérale. Chaque année, pendant le mois de juillet jusqu'à la mi-août, l'expérience confirme ces prévisions de la théorie.

Ainsi, pas de combinaison possible entre les trois moyens thérapeutiques fournis par les eaux minérales ; chacun d'eux doit agir seul et séparément : leur union les neutralise, quand elle n'aggrave pas l'état du malade par des tiraillements intempestifs et des efforts en sens contraires.

Cette règle doit être constamment présente à l'esprit du médecin qui préside à la medication hydro-minérale, car il est des eaux qui, selon les doses ou le mode d'emploi, peuvent s'adresser à plusieurs émonctoires. Il n'est pas rare, en effet, de voir une eau diurétique, par exemple, devenir laxative sous l'influence d'une dose plus considérable.

De plus, chez certaines personnes, une susceptibilité spéciale domine à ce point un appareil d'excrétion que, même en santé, cet appareil subit l'empire des moindres circonstances. — Dans le public, cela s'appelle avoir une partie faible. — Qui ne sait que certains individus entrent en transpiration au moindre mouvement, à la plus petite élévation de température? que d'autres éprouvent un effet laxatif à la moindre impression du froid, au moindre écart de régime, etc., etc.? Cette susceptibilité, loin de s'effacer devant les eaux minérales, grandit, au contraire, et impose au praticien une circonspection dont il ne s'écarterait pas sans danger. C'est alors qu'il doit tout mettre en œuvre pour endormir cette susceptibilité, et ramener à l'émonctoire choisi toute l'action de l'eau minérale à sa disposition.

Les deux remarques qui précèdent ne sauraient être mises en oubli. Quand le médecin obtient un effet contraire à celui qu'il se propose, c'est-à-dire si l'agent qu'il manie va exciter un autre émonctoire que celui qu'il a en vue, il doit s'assurer si le phénomène est dû ou à une disposition particulière du malade, ou à une double action du médicament.

Dans le premier cas, il combattra cette disposition par des moyens appropriés, et dans le second, il modifiera la dose et le mode d'emploi du remède.

Je montrerai tout à l'heure, à l'occasion du petit-lait, combien les médecins allemands savent tirer parti de ces principes, et comment ils arrivent, selon les résultats qu'ils poursuivent, à rendre la liqueur séro-lactée, ou laxative, ou diurétique, c'est-à-dire à faire prédominer l'une ou l'autre de ses deux propriétés thérapeutiques.

Mais si les eaux minérales thérapeutiques ne se doivent jamais allier entre elles, il n'en est pas de même de leur union avec les eaux minérales hygiéniques.

Il se passe ici ce qui a lieu tous les jours dans la médecine ordinaire, c'est-à-dire qu'à côté du médicament qui doit guérir, se placent les prescriptions diététiques qui, utiles auxiliaires, secondent le succès de la médication.

Les eaux minérales hygiéniques forment la seconde branche de la grande division des eaux minerales. Leur importance n'est pas moindre que celle des premières, et suffisent, dans bien des cas, comme une bonne hygiène dans la pratique ordinaire, à rétablir l'équilibre compromis entre les fonctions de l'économie.

Les eaux minérales hygiéniques se divisent également en trois groupes qui répondent à toutes les indications auxiliaires des maladies chroniques :

1° Eaux reconstituantes : ferrugineuses, salines, acidules gazeuses ;

2° Eaux hyposthénisantes : alcalines sodiques, sulfatées faibles, les bains chauds ;

3° Eaux sédatives : presque toutes les eaux thermales et peu minéralisées.

Beaucoup d'eaux minérales peuvent, suivant leur mode d'emploi ou leur dose, être ou thérapeutiques ou hygiéniques. N'en est-il pas de même dans la médecine ordinaire ? L'arsenic, ce puissant agent de la matière médicale, pour ne prendre que cet exemple, entre dans l'hygiène des paysans carpathes, qui lui demandent la conservation de la fraîcheur du teint, et la force de gravir les plus hautes montagnes. C'est au tact du médecin hydrologue à savoir tirer parti de l'agent qu'il manie, et de le rendre, selon les cas, ou thérapeutique ou hygiénique.

Voilà tous les éléments de la médication hydro-minérale, et, pour qu'il ne manque rien au tableau, il y faut ajouter les circonstances accessoires, telles que le changement d'air, les distractions, l'absence des préoccupations de la vie ordinaire, etc., etc.

On le voit, la médecine hydrologique n'est pas aussi facile que le public se l'imagine, car outre les difficultés du diagnostic thérapeutique, — qu'on me passe le mot, — il reste celles non moins grandes du mode d'emploi et des doses de l'agent choisi, et aussi celles des conditions hygiéniques qui doivent concourir au succès de la médication.

Nous allons voir que tous les principes précédemment posés s'appliquent exactement aux cures de petit-lait, et que la pratique allemande, sciemment ou par instinct, obéit à la logique de ces mêmes principes.

Les propriétés générales du petit-lait, communément admises de l'autre côté du Rhin, se peuvent résumer en cette conclusion formulée par M. le docteur Kuhn fils : « Le petit-lait est une boisson adoucissante, parfaitement bien supportée par l'estomac; l'absorption s'en fait facilement; il exerce sur l'économie un effet tempérant et sédatif; il donne plus d'activité aux sécrétions, surtout à la sécrétion urinaire, et à une certaine dose, il détermine presque toujours un effet relâchant sur le tube intestinal. »

Le petit-lait est donc, en rappelant l'assimilation admise par les Allemands, une eau minérale tout à la fois thérapeutique et hygiénique.

Il est eau minérale thérapeutique par son action sur l'appareil urinaire et par celle qu'il exerce, à d'autres doses, sur l'émonctoire intestinal.

Il est eau minérale hygiénique par ses propriétés générales, tempérantes, sédatives et adoucissantes.

Le livre du docteur Carrière expose longuement et dans tous ses détails la théorie chimique des cures de petit-lait, formulée par Bénéke et reproduite par Lersch. Dans cette théorie, l'azote en excès constitue la maladie, et le petit-lait, privé du caséum et partant d'azote, est le remède.

Si mon inclination médicale me portait à chercher un guide dans les explications chimiques plutôt que dans l'observation rigoureuse des faits, je donnerais de beaucoup la préférence à la doctrine que Liebig a développée dans sa trente-quatrième lettre, et j'abandonnerais volontiers l'azote pour le chlorure de sodium.

Mais ni Bénéke ni Liebig, dont j'estime d'ailleurs à toute leur importance les travaux sagaces, ne sauraient m'attirer en cette place, et cependant j'arrive, par mon chemin étroit et rocailleux, aux mêmes conclusions que les médecins allemands.

Qu'on me permette de dégager ma pensée des nuages qui la voilent encore.

L'eau minérale organique, appelée petit-lait, possède, ai-je déjà dit, des propriétés thérapeutiques et des propriétés hygiéniques.

Comme eau minérale thérapeutique, elle s'adresse, selon les doses auxquelles elle est administrée, tantôt à l'émonctoire rénal, tantôt à l'émonctoire intestinal.

Son action est faible, lente, mais continue, comme celle de toutes les eaux peu minéralisées.

Il est inutile de chercher ailleurs l'explication de l'action thérapeutique du petit-lait, et la pratique allemande va témoigner en ma faveur.

Dans le catalogue des eaux minérales qui occupent les rayons de la trinkhalle [d'Ischl, que voyons-nous? Des eaux purgatives (sulfatées et chlorurées), des eaux diurétiques (alcalines) et des eaux reconstituantes (salines et ferrugineuses).

Ces dernières sont, on se le rappelle, des eaux minérales hygiéniques; j'y reviendrai tout à l'heure.

Reste donc, en fait d'eaux thérapeutiques, des eaux purgatives et des eaux diurétiques, qui répondent précisément aux deux propriétés thérapeutiques du petit-lait.

On ne trouve dans ce catalogue, que j'ai publié à dessein, aucune eau sulfureuse, parce que le petit-lait ne s'adresse pas à l'émonctoire cutané, et que l'eau sulfureuse, agent de cet émonctoire, contrarierait par sa présence l'action du petit-lait sur les émonctoires rénal et intestinal.

Comme toutes les eaux faiblement minéralisées et dont l'action thérapeutique a, par conséquent, besoin d'une certaine continuité pour se faire sentir, le petit-lait jouit de propriétés hygiéniques remarquables, qui se passent facilement d'auxiliaires.

Je veux parler de ses propriétés tempérantes, sédatives et adoucissantes.

En Suisse, où la médication séro-lactée se pratique sans aucune adjonction d'eau minérale, on n'agit que par les propriétés hygiéniques du petit-lait, et cela est si vrai que ces établissements ne sont guère fréquentés que par des maladies des voies aériennes : bronchite, laryngite et tuberculose au début.

Ces mêmes affections, ainsi que je le dirai tout à l'heure, sont combattues à Ischl de deux autres manières, selon les cas : quelquefois, comme en Suisse, on attend tout des propriétés hygiéniques de l'agent, et on fait la médication dans sa plus grande simplicité ; dans d'autres circonstances, le praticien, comptant sur une action révulsive, accroît une des propriétés excrémentielles du petit-lait en ajoutant tantôt une eau sulfatée et tantôt une eau alcaline, conformément à ce qui a lieu à Gleichenberg avec l'eau de la source Constantin ; enfin, dans d'autres occasions, adoptant les idées de Liebig sur le rôle du chlorure de sodium, le praticien mélange une eau chlorurée avec le petit-lait qui, dans ce cas, ne fait plus office que d'excipient, préférable à toute autre à cause de sa nature organique, et peut-être aussi à cause de ses propriétés générales. Ce mode d'administration du chlorure de sodium n'est pas le seul employé à Ischl : il y a les bains de Soole, dont le degré de concentration est variable, comme je l'ai dit, et les inhalations des vapeurs chlorurées que fournissent les salines adossées à l'établissement.

M. le docteur Carrière parviendra difficilement à faire croire que les médecins allemands veulent donner du soufre quand ils mêlent avec le petit-lait des eaux sulfatées ; un sulfate n'a jamais eu, pas plus en chimie qu'en matière médicale, les propriétés de l'acide sulfhydrique. Rappelons-nous aussi la réponse négative que me fit le docteur Mulleitner, de Bade, près Vienne, quand je lui parlai du mélange du petit-lait avec les eaux sulfureuses de sa station.

Je le répète donc, dans les affections des voies aériennes le petit-lait, administré seul, n'agit que par ses propriétés générales, et rentre par conséquent dans le cadre des eaux minérales hygiéniques.

Associé avec une eau sulfatée ou alcaline, le petit-lait voit s'effacer sans les perdre entièrement, ses propriétés hygiéniques, et devient alors une eau minérale thérapeutique, dont l'action sur l'émonctoire intestinal ou rénal est décidée par celle de l'eau minérale dont on a fait choix.

Enfin le petit-lait peut, comme dans la méthode préconisée par M. Amédée Latour, ne plus être qu'un excipient préférable aux autres, je le répète, à cause de sa nature organique et de ses propriétés adoucissantes.

Après ce premier groupe nosologique, qui occupe une large place dans le cadre de la médication séro-lactée, se place un second groupe non moins important et plus nombreux que le précédent, je veux parler des obstructions et engorgements des organes du bas-ventre.

Ici l'explication va de soi, et il n'est pas besoin de recourir à la théorie de l'azote en excès formulée par Bénéke. Il n'y a qu'une révulsion sur le tube intestinal ou l'appareil urinaire; et cette dépuration, pour employer l'expression du docteur Carrière, quoique lente et faible, n'en est pas moins réelle. Le petit-lait est analogue, ne l'oublions pas, à cette classe fort nombreuse d'eaux minéralisées à peine, que, à l'exemple des auteurs allemands, on désigne en France sous le nom d'*eaux indifférentes*, et dont les fastes thérapeutiques n'ont rien à envier aux eaux les plus richement dotées.

Les établissements de Suisse et celui de Méran voient quelquefois venir au milieu de leur clientèle habituelle des engorgements soit du foie, soit de la rate, soit des veines hémorrhoïdales, et nos confrères d'Appenzell, de Horn et du Tyrol m'ont assuré qu'après une cure prolongée pendant un mois ou un mois et demi, ces affections étaient heureusement modifiées et quelquefois même guéries.

Cette opinion est conforme à tout ce qui a été écrit sur la matière, quelle que soit la théorie que l'on adopte : « Les propriétés les plus connues de cette liqueur organique, dit le docteur Carrière, celles qui sont en général admises sans contestation, consistent à modifier favorablement et même à guérir les affections du système spléno-gastrique, ou, en d'autres termes, la pléthore abdominale et les formes pathologiques qui dépendent de cette condition particulière de l'économie. Le docteur Lersch comprend dans l'une et l'autre des catégories qui renferment, selon lui, les affections curables par le petit-lait (les affections par excès d'azote, les affections par transport de l'alcali dans les divers organes), il comprend celles qui se rattachent à l'état pathologique des viscères renfermés dans l'abdomen. Le professeur de l'école de Vienne (le docteur Mojsisovicz) exprime également ment la favorable influence du sérum du lait dans ces diverses maladies, en disant que ce moyen médical augmente les sécrétions abdominales et améliore les humeurs pathologiques. Cette phrase laisse voir, en effet, l'action dérivative et bienfaisante que le remède produit sur le tube intestinal, et les bons effets qui résultent de son emploi dans quelques affections spléniques, dans les écoulements hémorrhoïdaires, dans quelques formes de la diarrhée, dans les hydropisies et dans les sécrétions vésicales et vaginales. Le docteur Bénéke fait un tableau des maladies qui ont la pléthore abdominale pour origine, et ne résistent pas, suivant les monographes, à l'influence de la médication séro-lactée (1). »

____

(1) Docteur Carrière, *Molkenkur*, pages 76 et 77.

On le voit, sauf l'explication toute chimique que je ne puis accepter, tous les auteurs qui ont, de longue main, recueilli des observations sur les cures de petit-lait, arrivent aux conclusions que ma théorie assigne : comme agent de l'émonctoire intestinal, le petit-lait agit sur quelques maladies de cet émonctoire (certaines diarrhées) ; comme agent de l'émonctoire urinaire, il produit *de bons effets sur les sécrétions urinaires ;* enfin comme agent dérivatif, il exerce une influence heureuse sur les affections *qui se rattachent à l'état pathologique des viscères renfermés dans l'abdomen.*

Comme on le voit, si les explications diffèrent, tous les auteurs notent les mêmes résultats.

A Ischl, à Bade, à Gleichenberg, on hâte ces résultats en mélangeant avec le petit-lait une eau minérale appropriée au but qu'il s'agit d'atteindre ; mais je l'ai dit en parlant de chacune de ces stations, la quantité de l'eau minérale est tous les jours diminuée, et l'on arrive en peu de temps à la seule médication séro-lactée.

Un troisième groupe morbide, non moins intéressant que les deux premiers, rentre encore dans le cadre de la même médication ; c'est celui des affections nerveuses : névralgies, névroses et névropathies, dont la présence en cette place se justifie par les propriétés sédatives généralement reconnues au petit-lait.

Cependant les succès obtenus par ce moyen dans l'hypocondrie et l'hystérie sont expliqués, de l'autre côté du Rhin, par les propriétés thérapeutiques de la liqueur séro-lactée. « Le docteur Lersch, dit M. Carrière qui se fait l'historien des théories allemandes, préconise le petit-lait contre l'hypocondrie et l'hystérie. Cela se comprend jusqu'à un certain point pour la première ; elle tient un peu, comme son nom l'indique, à l'état des organes gastro-spléniques, et puisque le petit-lait est dérivatif et fondant par ses qualités laxatives, il dégage les organes qui ont quelque influence sur le développement de cette affection. »

Je n'aurais pu dire mieux, si j'avais voulu rappeler mes opinions précédemment émises.

Pour l'hystérie, les explications varient : les uns, rattachant cette affection à l'appareil générateur, la font bénéficier de l'influence heureuse que le petit-lait exerce sur cet appareil, ainsi que l'a mis hors de doute le professeur à l'université de Vienne, le docteur Mojsisovicz ; les autres, s'appuyant sur l'analogie que d'aucuns ont établie entre l'hystérie et l'hypocondrie, en tirent, comme conséquence, l'analogie de médication, et pensent que la physionomie imprimée à l'*hypocondrie chez la femme* par l'état du système utérin n'exige pas une modification notable dans la thérapeutique, bien que la pathologie ait cru devoir appeler hystérie cette forme de l'hypocondrie.

Quoi qu'il en soit de ces explications, il est incontestable que le petit-lait exerce une influence salutaire sur cette névrose, comme sur tous les états nerveux où l'éréthisme prédomine ; qu'elle agisse par ses propriétés dérivatives, ainsi que cela a lieu pour l'hypocondrie, ou par ses propriétés sédatives, comme dans les névropathies, toujours est-il que la liqueur séro-lactée doit prendre place dans la thérapeutique de ces affections rebelles, et qui trop souvent, hélas ! font le désespoir des malades et des médecins.

En ces circonstances, les Allemands emploient la médication sérolactée dans toute sa simplicité ; ils n'appellent à leur aide aucune eau minérale, et on comprend, sans que je m'y arrête, combien cette pratique est rationnelle et conforme à ce que nous savons sur le mode d'action des cures hydro-minérales.

Il n'en est pas tout à fait de même de l'usage simultané du petit-lait et des bains. A Neuhaus, dans la Styrie, les deux médications marchent presque toujours ensemble, et l'on n'a peut-être pas oublié le soin avec lequel j'ai noté que les névropathies, les hystéries et les maladies de l'utérus à forme éréthique étaient les affections les plus nombreuses qui se rendaient à cette station.

A Schlangenbad, la même observation est à faire.

Mais dans les établissements privés d'eaux thermales et peu minéralisées, on fait moins usage de bains que .dans ces localités de la Styrie et du Taunus ; quand on y a recours, les uns, comme à Ischl, donnent des bains de petit-lait, soit entièrement purs, soit coupés avec de l'eau ; et les autres se contentent de bains d'eau de son. de tilleul ou de gélatine.

Mais cette pratique est loin d'être généralisée ; elle ne domine a Neuhaus et à Schlangenbad que parce que les eaux de ces stations hydro-minérales sont essentiellement calmantes et sédatives, comme le sont, en France, les eaux thermales de Néris.

Enfin et pour finir ce trop long chapitre, les auteurs qui ont traité le sujet qui nous occupe placent un quatrième et dernier groupe pathologique dans le cadre de la médication séro-lactée. Ce dernier groupe est entièrement rempli par des affections générales, la scrofule, la chlorose et l'anémie.

L'action du petit-lait dans la scrofule s'explique par ses propriétés dépuratives, et il n'est pas besoin de recourir à la théorie de Bénéke, qui, encore ici, ne voit qu'un excès d'azote à combattre. A Ischl, où les scrofuleux se rencontrent en nombre assez grand, le petit-lait est ordinairement associé à une eau légèrement laxative, ou à celle de

Hall qui, de toutes les eaux d'Allemagne, contient la plus forte proportion d'iode ; preuve évidente que la pratique ne se conforme pas aux idées chimiques et purement spéculatives de Bénéke.

Quand la tuberculose ne se cache pas sous les scrofules, la médication séro-lactée est singulièrement favorisée à Ischl, tantôt par des bains de soole et tantôt par les bains froids et les douches.

Mais je n'ai point à m'appesantir sur ces moyens généralement employés en dehors même du petit-lait, ainsi que sur l'hygiène et l'exercice prescrits aux scrofuleux.

Cependant avant de passer outre, qu'on me permette de répéter, ne fût-ce qu'à titre de renseignement, l'appel que M. le docteur Carrière adresse aux praticiens. Écoutons-le : « On a vu que le petit-lait était considéré comme un bon moyen thérapeutique contre la scrofule et les formes pathologiques qui s'y rattachent ; mais on n'avait pas dit qu'il pût être donné avec succès contre le goître. Une circonstance inattendue, une occasion, a fait naître en Allemagne, il y a peu d'années, la pensée qu'il avait peut-être la propriété de le guérir. Une personne qui portait un goître fit la cure de petit-lait pour une bronchite chronique ; à la fin du traitement, la bronchite fut guérie et le goître disparut. L'expérience a été répétée depuis, il paraît qu'elle a donné des résultats favorables (1). Les tumeurs goîtreuses sont distribuées avec tant de profusion sur le sol de notre Europe, qu'il est aisé de vérifier ce qu'il y a de vrai touchant les bons effets du petit-lait contre ces hideuses difformités du cou. »

Je ne puis aujourd'hui fournir aucun renseignement sur ce sujet ; plus tard, quand une suffisante expérimentation me le permettra, j'espère publier les bons ou les insignifiants résultats que j'aurai obtenus.

J'arrive à la chlorose et à l'anémie.

Dans ces affections, le petit-lait ne me paraît avoir une application réelle que dans les cas où l'éréthisme nerveux prédomine, ou dans ceux qui sont caractérisés par une irritabilité excessive de l'appareil digestif ; ces phénomènes d'innervation se rencontrent si fréquemment dans la chlorose et l'anémie, qu'il ne faut pas s'étonner de trouver ces dernières dans le catalogue des maladies tributaires de la médication séro-lactée ; ces phénomènes jouent d'ailleurs un rôle si considérable dans ces états morbides, que leur persistance entrave toute thérapeutique, et met obstacle au succès des moyens les mieux combinés de l'hygiène et de la matière médicale.

---

(1) Communications du docteur Stadler, de Wiener-Neustadt, en Autriche.

Dans beaucoup de cas on peut dire qu'au point de vue du traitement, l'accessoire devient le principal.

N'est-ce donc pas une ressource précieuse que cette médication qui permet la possibilité d'une thérapeutique appropriée, et qui amène la tolérance des ferrugineux, d'une nourriture substantielle, des douches et des bains froids ?

Le degré d'éréthisme soit général, soit de l'estomac, inspire au médecin la conduite qu'il doit tenir ; quand l'éréthisme est peu prononcé, on peut commencer d'emblée par le mélange du petit-lait et d'une eau ferrugineuse ou d'une eau alcaline gazeuse ; quand, au contraire, l'excitation nerveuse est excessive, le petit-lait est administré pur et continué seul jusqu'au moment où un peu de calme permet une intervention plus active.

En Bessarabie, selon le docteur Adrien Baraniecki, les états anémiques sont victorieusement combattus par les bains de petit-lait. Cependant cette assertion n'est pas aussi absolue que l'auteur veut bien le dire, car je trouve dans sa brochure l'aveu suivant, qui vient à l'appui de ma manière de voir : « Ces bains, dit-il, ont un avantage immense, parce qu'ils n'échauffent pas, n'excitent pas la transpiration ; ils sont calmants, nourrissants, et ne sont contre-indiqués dans aucun cas où il y a prostration des forces, faiblesse et maigreur ; ils sont très-bien supportés par tous les malades et tous les âges ; et on peut aisément associer à ces bains un traitement interne par des eaux minérales, telles que Spa, Pyrmont, Ems, Schwalheim, Selters, etc., etc., par les préparations ferrugineuses, le quinquina et autres moyens que le médecin jugera convenables (1). »

Sous forme balnéaire, le petit-lait n'a qu'une action calmante, plus prompte, plus puissante, je le veux bien, mais avec laquelle il faut toujours en revenir aux eaux ferrugineuses et autres moyens reconstituants.

Cette action déprimante des bains séro-lactés a été également notée par M. Niepce dans les expériences qu'il avait instituées sur ce sujet à l'établissement d'Allevard.

Nul doute n'est possible sur les avantages réels que peuvent offrir les bains de petit-lait ; mais la cure revient à un prix si élevé, même dans les pays les plus riches en troupeaux, qu'il est à craindre qu'elle reste toujours le privilége de quelques rares favoris de la fortune.

---

(1) *Notice sur le petit-lait en général, et en particulier sur les bains de petit-lait en Bessarabie,* page 17.

Dans les provinces russes, où des steppes immenses sont converties en pâturages à perte de vue, chaque bain de petit-lait revient à huit, douze et quatorze francs, selon l'éloignement des pâturages et la quantité de liquide employée. Celle-ci varie de 60 à 100 litres par bain (2). Pour obtenir cette masse de liquide, il faut, selon le docteur Baraniecki, traire trois fois par jour de 300 à 500 brebis.

Il n'y a que les pays vierges de toute culture où cette médication soit possible.

Cependant à Ischl, les bains séro-lactés figurent parmi les moyens thérapeutiques de la station. On y emploie indistinctement tous les petits-laits, mais on donne la préférence à celui de vache, non à cause de ses propriétés, mais à cause de son abondance.

Néanmoins, comme la quantité nécessaire pour emplir une baignoire serait encore trop considérable, on a fabriqué des espèces de boîtes longues et étroites, où le malade se tient immobile comme une momie dáns son cercueil. Grâce à cet artifice, le bain n'exige plus que 40 ou 50 litres de petit-lait. La boîte est én bois et préalablement chauffée avec de l'eau bouillante, pour qu'il ne soit pas nécessaire de réajouter du liquide.

Malgré cette notable économie et l'emploi du petit-lait de vache, soit pur, soit mélangé avec d'autres petits-laits, chaque bain coûte, à Ischl, la somme de 7 fr. 90 ; comme il en faut deux par jour, on arrive à une dépense quotidienne de 15 fr. 80 pour la seule balnéation séro-lactée, soit, pour les trente jours de la cure, à la somme de 474 francs.

C'est évidemment trop cher pour un seul objet du traitement et pour un seul chapitre du séjour dans une station balnéaire. Aussi cette forme de la médication est-elle peu employée, même à Ischl, où se rend cependant, avec la cour, une grande partie de l'aristocratie autrichienne.

En Suisse, la balnéation séro-lactée n'est pratiquée dans aucun des cinq établissements que j'ai parcourus ; mais elle est en usage dans ceux d'Unterseen et du Wichtenstein, où cependant la médication interne prédomine.

En France, M. le docteur Niepce a expérimenté à Allevard les bains de petit-lait. Je demande la permission de citer un passage de sa brochure, pour prouver combien tous les auteurs sont d'accord pour reconnaître au petit-lait, même en bain, des propriétés diuré-

---

(2) M. Niepce porte à près de deux hectolitres la quantité de petit-lait nécessaire pour un grand bain.

tiques analogues à celles des eaux alcalines : « Les urines, dit-il, deviennent très-abondantes, et cet effet se continue hors des bains. Aussi avons-nous observé chez quelques malades l'apparition de graviers dans les urines, alors qu'ils ne pensaient nullement en être atteints. Cependant quelques-uns nous ont avoué avoir éprouvé des douleurs dans la région lombaire, douleurs qu'ils attribuaient aux symptômes de leurs maladies. Aussi ai-je pu remarquer que la sortie de ces graviers déterminait aussitôt la cessation de certains accidents, et la guérison des malades date de ce moment. Cette action du petit-lait doit être attribuée à la présence des sels alcalins qu'il contient (1). »

Il me semble recueillir une observation avec l'eau minérale de Pougues.

Je ne sais si M. Niepce, conformément à l'engagement qu'il en prenait dans la brochure précitée, a donné suite à ses observations, et j'ignore si, sous son successeur à Allevard, les bains de petit-lait continuent à être administrés dans cette station.

Dans tous les cas, cette forme de la médication ne saurait prendre chez nous un grand développement, moins peut-être à cause du prix élevé de la cure, que pour la difficulté de se procurer une quantité suffisante du remède.

Le dommage ne nous paraît pas irreparable, car de toutes les stations que j'ai visitées, celle d'Ischl est la seule qui m'ait offert cette sorte de balnéation.

La médication externe du petit-lait, à peine indiquée à l'occasion de Ischl, trouvait naturellement sa place dans un chapitre consacré à toutes les formes de la thérapeutique séro-lactée, et par ces motifs, on me pardonnera de m'y être arrêté si longtemps.

Je termine en signalant une maladie notée par tous les observateurs comme modifiable par le petit-lait, et que je m'étonne de trouver seule en cette rencontre.

Je veux parler de la goutte.

Bénéke, Lersch et l'historien de leur théorie chimique, le docteur Carrière, ont, comme toujours, recours à l'excès d'azote qu'il faut combattre ; le docteur Kuhn lui-même marche, pour cette fois, sous la bannière de la doctrine allemande, et dit : « La goutte, qui, comme on sait, est caractérisée par un excès de principes azotés, semble déjà, par cela même, indiquer l'emploi du petit-lait, et l'observation, d'accord avec la théorie, n'a fait que constater la justesse de cette manière de voir. »

---

(1) *Mémoire sur l'action des bains de petit-lait*, 1840, page 10.

Et, au milieu de ces belles théories chimiques; que devient l'observation médicale qui, de tout temps, a imposé à la gravelle la qualité de sœur consanguine de la goutte? Si le petit-lait exerce réellement, comme il est probable, une action favorable sur cette dernière, il faut, sous peine de bouleverser toutes les notions acquises jusqu'aujourd'hui, que la même action bienfaisante se fasse sentir sur la gravelle.

La théorie l'indique, et je me réserve de faire connaître plus tard, par mes propres observations, si la pratique justifie ces prévisions heureuses de la théorie.

XII.

Introduction en France de la médication séro-lactée.

La médication lactée, trop longtemps laissée dans l'oubli, a été reprise dans ces derniers temps, de divers côtés à la fois. M. le docteur Pécholier, professeur agrégé à la Faculté de médecine de Montpellier, l'a remise en la place qu'elle n'aurait jamais dû perdre et l'a presque élevée au rang d'une méthode thérapeutique (1). D'autre part, le docteur Phil. Karell, médecin ordinaire de l'empereur de Russie, a présenté à la Société médicale de Saint-Pétersbourg un très-bon mémoire sur la *cure de lait*, que les *Archives de médecine* ont publié (2).

Cette tendance des esprits vers le retour d'un agent que les préoccupations chimiques avaient fait délaisser, m'est un encouragement pour le travail que j'offre aujourd'hui au public. Sans doute la cure de lait et la médication séro-lactée ne sont pas identiques; les Allemands, mus par les idées chimiques que j'ai exposées, les tiendraient même pour contradictoires, puisque le lait renferme des éléments azotés, caséum et beurre, dont l'absence fait tout le mérite du petit-lait.

On sait que je suis bien loin de partager les théories allemandes sur ce point, et que je n'adopte pas, d'une manière aussi absolue que nos confrères de Méran, l'antagonisme du lait et du petit-lait; la préférence à accorder à ce dernier se déduit de l'absence des parties grasses, non en tant que principes azotés, mais parce que ces parties, péniblement assimilables, peuvent masquer et contrarier l'action des éléments thérapeutiques contenus dans le liquide. Il en est ainsi pour les eaux minérales que l'on coupe, c'est l'expression, avec un sirop,

---

(1) *Des indications de l'emploi de la diète lactée dans le traitement de diverses maladies,* etc., par le docteur Pécholier, professeur agrégé.—1866.

(2) *De la cure de lait,* par le docteur Karell. (*Archives générales,* nᵒˢ de novembre et décembre 1866.)

avec du lait ou une tisane; leur action en est évidemment amoindrie.
A ce propos, en conservant, ce qui est juste, l'ingénieuse analogie que
les Allemands ont faite entre les eaux minérales et le petit-lait, ne,
pourrait-on pas dire que le lait est une eau minérale organique coupée avec du caséum et du beurre ? L'assimilation serait d'autant plus
complète, que les parties grasses sont simplement tenues en suspension dans la liqueur lactée, absolument comme un sirop dans une
eau minérale. Dans l'un et l'autre cas il y a simple mélange et jamais
combinaison.

Quoi qu'il en soit, on ne professe pas partout l'antagonisme entre le
lait et le petit-lait : depuis Méran, dont les opinions sur ce point sont
exclusives, nous passons par les établissements de Suisse qui s'en
préoccupent peu, pour arriver à Gleichenberg où les cures de lait se
font concurremment avec celles du petit-lait (1).

Je ne m'éloignais donc pas trop de mon sujet en signalant les travaux les plus récents sur la médication lactée ; et j'avais même le
dessein de les présenter comme devant concourir à l'introduction en
France d'une médication fort en honneur de l'autre côté du Rhin.

Mais cette médication est-elle possible, et notre pays offre-t-il les
conditions qui l'ont fait adopter et prospérer en Suisse et en Allemagne ?

C'est ce que je vais examiner dans ce dernier chapitre et donner,
par ainsi, un côté utile à ce long travail. — Ce sera son mérite à défaut de tout autre.

M. Carrière ne met pas en doute la possibilité chez nous de cette
nouvelle méthode thérapeutique; après avoir passé en revue l'abondance et la richesse de nos pâturages, et déduit la bonté du petit-lait
d'après les qualités partout constatées de nos beurres et de nos fromages, il arrive à cette conclusion que l'on me permettra de rapporter : « Ainsi, dit-il, le petit-lait de France ne serait pas seulement
aussi bon et par conséquent aussi efficace que celui qu'on emploie
en Allemagne ou en Suisse; il serait encore aussi abondant et pourrait suffire à alimenter des stations largement répandues sur notre
sol. Un autre avantage non moins précieux, c'est que, plus peut-être
que partout ailleurs, les régions des pâturages correspondent aux régions occupées par les eaux minérales, de sorte que, là où se trouvent
des établissements hydrologiques, il ne manque aucun des éléments
pour fonder de bons établissements pour les cures séro-lactées......

« ... Les pâturages ne manquent donc pas en France, malgré les appa-

---

(1) Voir le chapitre VII.

rences contraires, car des cultures d'un autre ordre couvrent la plus grande partie de son territoire. On peut dire, sans trop d'exagération, que lait y coule à plein bord. Notre pays ne serait pas aussi heureusement partagé, qu'il pourrait faire ce qu'il n'a pas réalisé encore. Que faut-il, du reste, pour entretenir des troupeaux et obtenir du lait? La vache, la chèvre, et la brebis trouvent de suffisantes ressources sur ces terrains vagues et pierreux des campagnes incultes, où pousse un gazon sans vigueur et où la chaleur ne fait éclore qu'une rare floraison. Favorisez le développement des herbes, ou seulement ne les empêchez pas de croître, et vous aurez du lait. Le fait expérimental que cette phrase révèle, lève tous les obstacles. Rien ne s'oppose, en effet, à créer des stations dans les lieux les moins favorables; car, avec le travail, la terre et les pâturages rendent ce qu'on leur demande (1). »

J'ai tenu à transcrire fidèlement, malgré sa longueur, ce passage du livre de M. Carrière, pour prouver que l'enthousiasme pour les pâturages de la Suisse et de l'Allemagne ne saurait entraîner l'opinion de ceux qui ont étudié pratiquement la thérapeutique par le petit-lait. D'ailleurs, en dehors de la France, je n'ai guère rencontré cet enthousiasme que dans les cantons d'Appenzell et de Saint-Gall, car l'Allemagne, je l'ai dit, fait peu de cas de la nature des pâturages, et même à Bade on les supprime complétement.

J'unis donc mes vœux les plus ardents à ceux de M. Carrière pour que la France ne laisse pas à ses voisins le privilége d'une médication dont elle a tout à la fois les éléments et les auxiliaires, c'est-à-dire du lait en abondance et des établissements hydrologiques à proximité.

Ces conditions, je l'ai dit au début de ce travail, se trouvent surtout réunies à Pougues. Son territoire accidenté n'est que côteaux et vallées, et toute sa richesse est dans ses vignes et ses pâturages. Les concours de Poissy couronnent, chaque année, les éleveurs de la Nièvre, et nul n'ignore que ce département est aujourd'hui le plus grand fournisseur de viande à la boucherie de Paris.

C'est la race bovine qui domine presque exclusivement dans la Nièvre.

Mais à quelques pas de Pougues, de l'autre côté de la Loire, dans le département du Cher, paissent, par troupeaux nombreux, les brebis si renommées du Berry, dont le petit-lait pourrait facilement venir s'ajouter aux ressources déjà si nombreuses que possède notre station hydro-minérale.

---

(1) Ouvrage cité : Molkenkur, Traubenkur, pag. 225 et 226.

Je ferai remarquer combien ces ressources, loin de se contredire, se complètent les unes par les autres et concourent toutes au même but.

Comme eaux thérapeutiques, les eaux minérales de Pougues, je l'ai déjà dit ailleurs, ont une action favorable sur toutes les maladies des organes situés au-dessous du diaphragme, tandis qu'elles sont contraires ou indifférentes pour les maladies situées au-dessus de ce muscle.

Le petit-lait, — laissons de côté sa spécialité hygiénique dans les maladies des voies aériennes qui, je viens de le dire, n'ont rien à faire à Pougues — le petit-lait exerce une influence heureuse sur les maladies des organes situés dans l'abdomen, et par conséquent trouve un auxiliaire dans l'eau de Pougues, ou lui apporte un concours dont un médecin saura toujours tirer parti.

Comme eaux hygiéniques, les eaux de Pougues empruntent à l'hydrothérapie un appui considérable contre la scrofulose, l'anémie et la chlorose ; et j'ai dit le rôle qui, en Allemagne, est attribué au petit-lait dans ces mêmes affections.

Ainsi donc, à ne considérer à Pougues que les conditions actuellement existantes, la médication séro-lactée y trouve tout à la fois ses éléments essentiels, des auxiliaires puissants et sa raison d'être thérapeuthique.

Les éléments dè la cure sont : 1° des pâturages nombreux et ayant donné la mesure de leur excellence ; 2° des animaux différents, vaches et brebis, dont la réputation est faite.

Les auxiliaires de la cure sont : 1° l'eau minérale de Pougues, dont nul ne conteste la valeur médicale ; 2° l'hydrothérapie dont, pour toute louange, il suffit d'écrire le nom.

Enfin la raison d'être de la cure est l'ensemble des maladies qui se rendent à Pougues et qui rentrent parfaitement dans le cadre de la médication séro-lactée.

Ce n'est pas tout.

Depuis neuf ans que je suis à Pougues, j'ai rêvé pour cette station si humble à mes débuts, les ressources multiples et variées que l'on ne rencontre guère que dans les établissements de l'Allemagne, et j'ai eu l'ambition, malgré des entraves et des ennuis sans nombre, de suivre l'exemple du docteur Wirer de Rettenbach qui, par ses travaux et son activité, donna à Ischl un renom fructueux et une existence brillante.

Pourquoi, en effet, rester toujours en admiration platonique devant les thermes d'Allemagne et ne pas tenter de les suivre dans ce qu'ils ont de bon et d'utile ? Déjà nous leur sommes supérieurs par le luxe et le confort, pourquoi ne pas les imiter dans leurs aménagements thérapeutiques? Ischl, presque entièrement privé de ressources hydro-minérales, a tiré un merveilleux parti, non-seulement de ses pâturages et de sa position au milieu des salines, mais encore du transport des eaux minérales; Méran, également dépourvu d'eaux minérales, a suivi l'exemple d'Ischl pour le petit-lait et le transport des eaux, et de plus a su mettre à profit ses coteaux couverts de vignes et le suc de certaines plantes.

Qui empêche en France de concentrer toutes ces ressources sur un même point? Pougues me semble réunir toutes les conditions de ce multiple aménagement : ses côteaux, depuis Pouilly jusqu'à Nevers, offrent toutes facilités pour les cures de raisin; le chemin de fer du Bourbonnais, qui a une gare dans le bourg, met l'établissement en communication rapide avec toutes les stations hydro-minérales de la France, et lui permettrait de s'approvisionner rapidement de toutes les eaux dont il aurait besoin; enfin les montagnes du Morvan lui fourniraient les plantes dont un habile manipulateur exprimerait les sucs.

Pougues deviendrait ainsi la station sanitaire la plus complète de la France, et plus complète même que les établissements de l'Allemagne, puisqu'il concentrerait en un seul faisceau les ressources disséminées ailleurs sur plusieurs points.

Énumérons-les.

Pougues aurait :

1° Ses eaux minérales, comme tous les établissements du même genre;

2° L'hydrothérapie, comme un peu partout;

3° Le petit-lait, comme la Suisse et l'Allemagne;

4° Le raisin, comme Méran et autres;

5° La trinkhalle, comme Ischl;

6° Les sucs d'herbe, comme Méran.

Je ne parle pas des moyens accessoires, tels que la gymnastique, les bals, la musique, le théâtre, etc., dont l'influence physique ou morale n'est point à dédaigner.

Où trouverait-on réunies sur un même point tant de ressources thérapeutiques, et, qu'on le remarque, des ressources qui toutes s'adressent aux mêmes affections, et dont aucune, par conséquent, ne contredit et n'annule l'action des autres? De quelles armes puissantes serait armé le médecin qui les saurait manier tour à tour ou simultanément! Et quels avantages pour les malades, de trouver au centre de la France, à une station de chemin de fer, des moyens thérapeutiques qu'ils étaient obligés d'aller chercher loin de nos frontières et au prix de fatigues et de dépenses énormes !

Ce sont les pratiques et l'installation de ces diverses médications, inconnues chez nous, que j'ai étudiées pendant mon voyage.

Le rêve que j'ai caressé si longtemps va devenir enfin une réalité, et peut-être, avec le temps et l'aide du corps médical qui m'a déjà soutenu en diverses entreprises, parviendrai-je à tirer Pougues de l'humble et triste position où je l'avais trouvé.

BIBLIOGRAPHIE FRANÇAISE

DES CURES DE PETIT-LAIT.

La Bibliographie française relative au sujet qui m'a occupé est encore bien pauvre ; elle se compose de deux articles très-courts insérés dans les ouvrages d'hydrologie médicale de MM. James et Rotureau, et de quelques brochures dont voici l'énumération par ordre chronologique :

Dr Niepce. — *Mémoire sur l'action des bains de petit-lait,* soit pur, soit à l'état de mélange avec l'eau sulfureuse d'Allevard, in-8 de 32 pages. 1852.

Dr Mastalier. — *Mémoire sur le petit-lait alpestre et sur les bains d'Ischl,* in-8 de 32 pages. 1854.

Dr Baraniecki. — *Notice sur le petit-lait en général et en particulier sur les bains de petit-lait en Bessarabie,* in-8 de 23 pages. 1858.

Dr Carrière. — *Les cures de petit-lait et de raisin en Allemagne et en Suisse dans le traitement des maladies chroniques,* in-8 de 240 pages. 1860.

— La partie consacrée aux cures de petit-lait (Molkenkur) contient 129 pages.

Dr Kuhn fils. — *De la cure de petit-lait dans les maladies chroniques,* in-8 de 15 pages. 1862.

TABLE DES MATIÈRES.

PARIS. — J. CLAYE, IMPRIMEUR, RUE SAINT-BENOIT, 7.